LA CHASSE

AU ROMAN

PAR

JULES SANDEAU.

2

PARIS.
MICHEL LÉVY FRÈRES, LIBRAIRES-ÉDITEURS
RUE VIVIENNE, 1.
—
1849

LA CHASSE

AU ROMAN.

En vente chez les mêmes éditeurs.

BIBLIOTHÈQUE LITTÉRAIRE

Format in-18 anglais à 2 francs le volume.

LAMARTINE.
TROIS MOIS AU POUVOIR... 1 vol.

ALEXANDRE DUMAS.
LE COMTE DE MONTE-CRISTO... 6
LE CAPITAINE PAUL.. 1
LE CHEVALIER D'HARMENTAL... 2
LES TROIS MOUSQUETAIRES.. 2
VINGT ANS APRÈS, suite des Trois Mousquetaires................... 3
LA REINE MARGOT.. 2
LA DAME DE MONSOREAU... 3
JACQUES ORTIS.. 1
QUINZE JOURS AU SINAÏ.. 1
LE CHEVALIER DE MAISON-ROUGE..................................... 1
GEORGES.. 1
FERNANDE... 1
PAULINE ET PASCAL BRUNO.. 1
SOUVENIRS D'ANTONY... 1
SYLVANDIRE... 1
LE MAÎTRE D'ARMES.. 1
UNE FILLE DU RÉGENT.. 1
LA GUERRE DES FEMMES... 2
ISABEL DE BAVIÈRE.. 2
AMAURY... 1
SOUVENIRS DRAMATIQUES (*sous presse*)............................ 1
CÉCILE................(»)..................................... 1
ASCANIO...............(»)..................................... 2

LOUIS REYBAUD.
JÉRÔME PATUROT à la recherche de la meilleure des Républiques..

L. VITET.
LES ÉTATS D'ORLÉANS, scènes historiques.......................... 1

PAUL FÉVAL.
LE FILS DU DIABLE.. 4
LES MYSTÈRES DE LONDRES.. 3
LES AMOURS DE PARIS (*sous presse*).............................. 2

MICHEL MASSON.
LES CONTES DE L'ATELIER.. 2

ALBERT AUBERT.
LES ILLUSIONS DE JEUNESSE DU CÉLÈBRE M. BOUDIN................... 1

Imprimerie Dondey-Dupré, rue Saint-Louis, 46, au Marais

LA CHASSE

AU ROMAN

PAR

JULES SANDEAU.

2

PARIS.
MICHEL LÉVY FRÈRES, LIBRAIRES-ÉDITEURS
RUE VIVIENNE, 1.
—
1849

CHAPITRE XIII.

XIII

M. Varembon devait rester avec sa fille chez M. Fléchambault en attendant qu'il eût trouvé, dans le voisinage des Cormiers, une propriété à vendre et qui lui convînt. Marier leurs enfants, vieillir l'un près de l'autre au sein du luxe et de l'abondance, n'était pas le seul espoir que les deux amis se fussent promis de réaliser. Ce n'était pas uniquement en vue d'une satisfaction égoïste qu'ils avaient cherché et conquis l'opulence. L'amitié qui ne repose que sur une communauté d'intérêts est fragile et périssable; la vertu seule est le ciment des âmes. La richesse n'était à leurs yeux qu'un levier, un instrument pour faire le bien. Ils pensaient avec raison que fortune oblige, et que posséder c'est devoir. Grouper autour d'eux des hommes de bonne volonté, encourager l'agriculture, honorer, relever ce grand art, le premier de tous, fonder au centre de leurs domaines une petite colonie dont ils seraient les bienfaiteurs, tel était le but vers lequel ils allaient diriger leurs communs efforts. Toutefois, il faut bien reconnaître que la fuite de Valentin venait de jeter une teinte sombre sur cette riante perspective. Sans doute, ainsi que l'avait dit Louisanne, rien n'était changé à leurs projets d'existence en commun : cependant ils convenaient tous trois, sans oser se faire part de leurs réflexions, que ce n'était plus la même chose, et que leur rêve mutilé ne battait désormais que d'une aile.

On peut se faire aisément une idée de la honte et de la confusion de M. Fléchambault. Pour me servir d'une expression vulgaire, le pauvre homme ne savait trop sur quel pied danser. Il avait beau se mettre en quatre pour rendre le séjour des Cormiers agréable à ses hôtes ; il avait beau leur montrer le pays, raconter à Louisanne les chroniques de Tiffauges et de Clisson, il ressemblait assez à cette maîtresse de maison qui remplaçait par une anecdote le rôti qui manquait sur sa table. M. Varembon continuait de faire bonne contenance, mais il ne riait plus comme le premier jour. Il souffrait dans ses espérances trahies; il souffrait, dans son orgueil, de l'outrage fait à sa fille, et, bien qu'il se fît une loi d'épargner M. Fléchambault, il ne pouvait s'empêcher de lui lancer de temps en temps quelque brocard à l'adresse de son neveu. Le malheureux oncle se taisait, de grosses larmes roulaient dans ses yeux. C'était alors que Louisanne redoublait autour de lui d'empressement, de grâce et de tendresse, pour guérir la blessure que son père avait faite, souvent sans le vouloir.

Louisanne souffrait, elle aussi ; sous l'égalité, sous la gaîté de son humeur, il y avait quelque chose qui se plaignait en elle, peut-être à son insu. Valentin lui manquait comme une habitude. Louisanne se sentait inquiète comme un oiseau qui cherche et ne trouve plus son nid. Certes, en arrivant aux Cormiers, ce n'était pas de la passion qu'elle éprouvait pour ce jeune homme ; mais elle avait, dès l'âge le plus tendre accoutumé son cœur à l'aimer ; elle avait fait de lui le confident de ses pensées secrètes ; c'avait été le côté poétique et charmant de ses jeunes années. On lui avait dit que Valentin l'aimait, elle avait cru sans peine tout ce qu'on lui disait. Comment donc n'eût-elle pas souffert en découvrant qu'elle s'était trompée, en reconnaissant qu'elle avait bâti sur le sable, en voyant s'envoler la chimère qu'elle avait si longtemps caressée? Toute illusion brisée laisse à sa place une blessure. Elle avait commencé par rire franchement de la fuite de son fiancé; parfois encore elle en riait volontiers quand l'occasion se présentait; mais, sans se le dire, sans se l'avouer peut-être, elle s'en affligeait tout bas.

Chose étrange, et pourtant facile à prévoir pour tous ceux qui ont observé les caprices du cœur humain, la haine de Valentin, loin d'éteindre l'amour de Louisanne, n'avait été pour lui qu'un aliment de plus. Cet amour qui n'était, en arrivant aux Cormiers, qu'un sentiment calme et serein, devint, au bout de quelques jours, une obsession de tous les instants. Il me hait; pourquoi me hait-il? Telle était la question que Louisanne ne se lassait pas de s'adresser sans pouvoir jamais y répondre. Ajoutez qu'autour d'elle tout l'entretenait de l'absent. Fermiers et serviteurs lui chantaient à l'envi les louanges de leur jeune maître. Dans la maison qu'elle habitait, Valentin avait laissé partout l'empreinte de ses pas, la trace de ses habitudes; il n'était pas un coin de ce domaine qui n'eût gardé comme un écho de son enfance ou de sa jeunesse.

Tout en le maudissant, M. Fléchambault n'avait pas cessé d'exalter les mérites de son neveu. Il s'attendrissait en parlant de lui, et bien qu'il racontât toujours la même histoire, Louisanne ne s'ennuyait pas de l'écouter. Le soir, pendant que M. Varembon fumait sur le perron sa longue pipe à bouquin d'ambre, elle l'entraînait sur le bord de la Sèvres, et là, tous deux causaient de Valentin. Une fois sur ce chapitre, le bon oncle ne tarissait pas. Lorsqu'enfin il était au bout de ses litanies : C'est Sainte-Amarante qui a tout perdu! ajoutait-il en soupirant, et, demi-rêveuse, demi-souriante, Louisanne soupirait, elle aussi, mais si doucement, qu'on eût dit la plainte du vent dans les aulnes.

Malgré les explications et les commentaires de M. Fléchambault, Louisanne, il faut le dire, n'avait d'abord compris que peu de chose à la maladie du jeune Valentin. Comment cet esprit simple et droit, qui n'avait jamais dévié, aurait-il pu, de prime-abord, s'initier à de pareils égarements? M. Varembon, qui n'y allait pas par quatre chemins, tenait pour fou à lier le neveu de son vieil ami; bon gré, mal gré, M. Fléchambault ne paraissait pas éloigné de partager ce sentiment, et Louisanne aurait fini peut-être par se ranger à leur avis, si le hasard n'eût pris soin, en l'éclairant, de la disposer à l'indulgence.

Louisanne se plaisait à visiter l'appartement qu'avait occupé Valentin. Elle éprouvait un plaisir d'enfant à voir, à toucher les objets au milieu desquels il avait vécu, à deviner son caractère dans l'arrangement et jusque dans le désordre de ses meubles et de ses livres ; car nous laissons quelque chose de nous-mêmes dans les lieux que nous avons habités ; pour un esprit délicat et pénétrant, l'absent n'est jamais parti tout entier.

Un jour, il lui tomba sous la main un volume à fermoirs, relié en cuir de Russie, et qu'avait sans doute oublié Valentin dans la précipitation du départ. Elle l'ouvrit, autant par distraction que par curiosité ; chaque page était couverte d'une écriture qu'elle reconnut aussitôt.

Prenez une liste de cent mille noms ; si

le vôtre s'y trouve, il vous saute aux yeux le premier. C'est ce qui arriva pour Louisanne. A peine eut-elle tourné les feuillets que son nom s'en détacha en caractères lumineux et la frappa subitement au visage comme un éclair. Elle se hâta de fermer le livre et de le remettre à sa place. Puis, sous le prétexte de respirer le parfum d'encens qui s'exhalait de la reliure, elle le reprit, l'ouvrit, le ferma de nouveau; bref, elle l'emporta dans les bois. Connaissez-vous beaucoup de jeunes filles qui n'en eussent point fait autant?

Ce volume, écrit tout entier de la main de notre héros, n'était ni plus ni moins que le journal de sa vie, depuis sa rencontre avec le chevalier de Sainte-Amarante jusqu'à son départ de Paris. En le commençant, Valentin comptait écrire une Odyssée. C'était tout à la fois l'histoire de ses rêves et de ses déceptions, le procès-verbal de ses sentiments, un receuil de maximes dans le goût des beaux esprits du dix-septième et du dix-huitième siècle. L'analyse y tenait la place des incidents. Voici quelques fragments qui pourront donner une idée de l'ensemble :

— D'où vient le trouble qui m'agite? J'ai passé la journée dans les bois, triste, rêveur, inquiet, et pourtant enivré d'un bonheur sans nom, d'un bonheur sans objet. Je rentre, je suis seul et je pleure. Qu'ai-je donc? Il a suffi d'un livre, d'un roman, du premier que j'ai lu, pour éveiller la vie qui dormait dans mon sein. Hier encore, mes rêves se trouvaient à l'aise dans cette vallée ; aujourd'hui, je crains que le monde ne soit trop étroit pour les contenir.

— Je suis descendu au fond de mon cœur. Le chevalier de Sainte-Amarante a dit vrai : je hais Louisanne. Louisanne doit me haïr par la raison qui fait que je la hais. Ce sont les Capulet et les Montaigu qui font les Juliette et les Roméo. L'amour naît de l'obstacle et grandit dans la lutte. Il ressemble aux plantes sauvages qui croissent dans le roc, fleurissent sous les assauts du vent, et qui, transplantées dans un vallon, exposées à l'haleine des tièdes brises, languissent, se fanent et meurent.

— Les choses n'ont de prix que par les difficultés qui nous en séparent. Je ne prendrais pas une rose dans un jardin; mais j'irais chercher une fleur sur la cîme des Alpes, dût cette fleur être sans grâce et sans parfum.

— Si je savais ce qui se passe dans les étoiles, je ne penserais pas à les regarder.

— Il est un livre sans lequel les touristes anglais ne sauraient faire un pas : c'est le *Guide du voyageur*. Si quelque chose pouvait m'inspirer le dégoût des voyages, ce serait à coup sûr ce pâle itinéraire où rien n'est omis, où tout est noté, indiqué, tarifé, avec une impitoyable exactitude. Le touriste anglais en fait ses délices; il le consulte, il l'étudie, il le médite. Chaque matin, avant de partir, il lui demande avec respect le programme de la journée. Son admiration est prête pour telle heure et son appétit pour telle autre. Il va où son guide lui dit d'aller, il s'arrête où son guide lui dit de s'arrêter, il descend à l'auberge où son guide lui dit de descendre. Il serait désolé de rencontrer sur sa route une surprise que son guide aurait négligé de lui signaler. Je sais bon nombre de mes compatriotes qui vivent à la façon dont les Anglais voyagent. Est-ce vivre? est-ce voyager?

— Le seul but que l'homme doive se proposer ici-bas, c'est de n'en point avoir.

Où vais-je ? Gardez-vous bien de me l'apprendre ; je m'assiérais sur le bord du chemin et refuserais de faire un pas de plus.

— La passion est l'âme du monde. Supprimez-la, vous supprimez la vie, de même que vous arrêtez une pendule quand vous en brisez le ressort. Je ne crois pas être plus immoral que beaucoup de moralistes de profession ; seulement je dis que lorsqu'il n'y aura plus de maris trompés, de jeunes filles séduites, de jeunes gens faisant ce qu'on est convenu d'appeler des sottises, on pourra jeter un linceul sur le cadavre de l'humanité.

— De toutes les institutions, le mariage

est la plus contraire aux instincts de l'homme. Il ne peut pas y avoir de ménages heureux ; si par hasard il en existait un, ce serait une monstruosité, une infraction aux lois de la nature, qui a voulu que le cœur humain fût ondoyant, mobile et divers.

— Où vous cachez-vous, où faut-il vous chercher, poétiques figures, âmes de feu, brûlantes héroïnes ? N'est-il plus sur la terre une de vos compagnes pour m'emporter ou pour me suivre dans la région des tempêtes ? Je me demande si les romans et le chevalier ne seraient pas des fourbes et des imposteurs. Qu'ai-je rencontré jusqu'ici pour satisfaire le besoin d'émotions qu'ils ont allumé dans mon cœur? Un chien qui se noyait et que j'ai sauvé de la mort; une ingénue qui se disait éprise de ma pauvreté, et consentait à s'enfuir avec moi, parfaitement renseignée d'ailleurs sur la fortune de mon oncle. Massacre et sang! suis-je marqué du sceau de la vulgarité? Dois-je assister au spectacle de la vie sans me mêler au jeu des acteurs, comme ces divinités de l'Égypte à demi enfouies dans le sable, et qui, depuis des siècles, voient passer devant elles les caravanes du désert?

— Je viens de lire *Don Quichotte*. Je suis de l'avis de Saint-Evremond, c'est le livre que j'aimerais le mieux avoir fait. Les bourgeois, ont, en général, une prédilection décidée pour cette œuvre, parce qu'ils y voient une satire ingénieuse des sentiments poétiques et chevaleresque. En ceci, comme en bien des choses, les bourgeois se trompent grossièrement. C'est au contraire la satire la plus sanglante qu'on ait pu faire de la société lâche et stupide dont ils sont les représentants. Don Quichotte est le plus noble, le plus généreux, le plus charmant, le plus adorable des héros. Extravagant? tant pis pour la sagesse. Fou? sa folie humilie la raison. Repose en paix, dernier des preux! Pour servir une dame digne de ton amour, tu fus obligé de la tirer de ton propre cœur. Pour te mesurer avec des champions dignes de ta vaillance, tu te vis réduit à combattre les fantômes sortis de ton cerveau. Ton malheur fut de vivre dans un temps où déjà, comme dans le nôtre; il n'y avait plus de Dulcinée, de chevaliers, ni de géants.

— Il y a deux choses dont tout le monde parle à son aise comme de biens vulgaires, à la portée de tous. Il semble que, pour les saisir, il suffise d'étendre la main, et que rien ne soit plus aisé que d'en jouir. Je ne pense pas cependant qu'il y ait en France cent personnes qui puissent se flatter de les avoir conquises et de les posséder. Le reste ne les connaît que par ouï-dire ou n'en étreint qu'une imparfaite image. Les pommes d'or des Hespérides étaient d'un accès moins ardu, et pourtant il fallut un demi-dieu pour les cueillir. Ces deux choses, dont tout le monde parle sans les comprendre, est-il besoin de les nommer? C'est l'amour, c'est la liberté.

— Toi, qui prétends aimer, commence par t'oublier toi-même : tu aimeras alors, fusses-tu le dernier des hommes. Toi, qui veux être libre, commence par affranchir ta pensée et ton cœur : tu seras libre alors, fusses-tu dans les fers.

— Comme Achille, demandons aux dieux des jours remplis plutôt que de longs jours. On peut mourir vieux à vingt ans; on peut mourir centenaire et n'avoir pas vécu.

— Il en est de la vie comme du bal masqué : personne n'y voudrait rester sans un vague espoir de je ne sais quoi.

— Que Rodolphe est heureux! sa jeunesse est un livre écrit à toutes les pages ; la mienne est un cahier de papier blanc où la destinée refuse obstinément de tracer quelques lignes. Tout est pour lui, drames, romans, aventures, mystères ; pour moi, le silence, l'immobilité du tombeau! Si je me tuais? C'est le plus sûr moyen de faire quelque chose qu'on n'a pas fait la veille et qu'on ne fera pas le lendemain.

— Rodolphe a raison : la France n'est plus qu'un pays de marchands. La patrie de l'honneur et des grandes passions s'est transformée en un vaste comptoir. Aujourd'hui, Bayard et Duguesclin seraient banquiers ou garçons de caisse. Les traficans se sont vengés ; ils ont repris possession du temple d'où le Christ les avait chassés. Qui me retient sur cette terre déshéritée ? Partons ; allons chercher de fortunés rivages où respirent encore la poésie, la jeunesse et l'amour.

CHAPITRE XIV.

XIV

Malgré la modestie de ses désirs, malgré le calme de ses pensées, Louisanne n'appartenait cependant pas à cette famille d'intelligences pour qui le monde finit à l'horizon, et qui n'aperçoivent ou ne rêvent rien hors de la sphère où elles ont vécu jusque-là. Elle avait au contraire cette raison ailée qui s'élève sans efforts aux plus hautes régions. Elle unissait au jugement le plus droit toutes les grâces de l'imagination, au sentiment le plus net de la réalité le sentiment le plus exquis de la poésie.

Loin de se sentir révoltée par l'étrangeté de ces confidences, elle y trouva un attrait singulier. Dans ce fouillis d'erreurs, de paradoxes et d'extravagances, elle sut démêler ce qu'il y avait de vrai, de jeune, de charmant. En descendant au fond de l'âme de Valentin, elle y découvrait des trésors dont M. Fléchambault lui-même ne se doutait pas. Tout en reconnaissant la folie de ce jeune homme, elle en saisissait le côté généreux, poétique et chevaleresque. Il y avait dans tout cela quelque chose qui l'attristait, et qui pourtant ne lui déplaisait pas. Parfois, elle s'irritait de voir cette aimable et douce nature détournée de sa voie, tant de précieuses qualités gaspillées et jetées au vent; parfois aussi elle se surprenait à sourire, comme sourit une jeune mère aux étourderies de son fils. Tantôt elle fermait le livre avec un geste de dépit, tantôt elle appliquait ses lèvres sur une page qui parlait à son cœur. Il y avait des instants où elle repoussait Valentin avec colère; il y en avait d'autres où elle le rappelait avec bonté. Ainsi, au lieu d'affaiblir sa tendresse, ces révélations ne réussirent qu'à l'entretenir, à la fortifier. Quand elle était seule dans le grand salon des Cormiers, pendant que son père et M. Fléchambault couraient les environs et visitaient les domaines à vendre, elle passait de longues heures à regarder le portrait de l'absent.

— Pourquoi donc êtes-vous parti? disait-elle. Pourquoi donc avez-vous refusé de me voir? Savez-vous que vous êtes méchant? Avec votre air si bon, si doux, si caressant, comment vous êtes-vous décidé à désoler les êtres qui vous aiment? Vous me haïssez : peut-être en me voyant eussiez-vous senti diminuer votre haine. Le bonheur que vous allez chercher au loin, peut-être l'eussiez-vous trouvé près de moi. Vous voulez des romans, des drames, des aventures; le calme vous fatigue et vous appelez la tempête. Puissent vos vœux n'être pas exaucés! Puissiez-vous ne regretter jamais les biens que vous avez quittés ! Mais, s'il en arrive autrement, si vous les rencontrez enfin, ces orages au devant desquels vous courez follement, un jour si vous êtes brisé par la foudre que vous provoquez, revenez alors, mon ami, venez vous reposer sur nos cœurs qui n'auront pas cessé de vous chérir.

Pourtant il ne faudrait pas croire que le caractère de Louisanne tournât à la mélancolie. Ses accès de tristesse étaient rares ; sa bonne et franche gaîté reprenait bientôt le dessus. Louisanne était la joie du logis. Votre neveu me hait ; eh bien ! tant pis pour lui ! disait-elle en riant à M. Fléchambault, qui finissait par rire avec elle. Elle avait pour l'égayer, pour le consoler, mille coquetteries. M. Fléchambault pensait à renouveler l'offre de sa main. Dans cette affaire, il voyait surtout une chose : il avait répondu pour Valentin, et Valentin ayant manqué à ses engagements, il était de son honneur à lui de les tenir. Un jour, il s'en ouvrit sérieusement à M. Varembon qui lui dit : Tu es fou. Comment, ne vois-tu pas que si tu épousais ma fille, tu deviendrais mon gendre, et qu'à partir du moment où tu serais mon gendre, je serais ton beau-père ? Cela se peut-il ? M. Fléchambault resta cloué par cet argument.

Pour compléter ses études sur Valentin, Louisanne voulut connaître quelques-unes des poétiques héroïnes qui lui avaient enlevé son fiancé, qu'elle appelait à bon droit ses rivales, et que M. Fléchambault avait logées peu galamment dans son grenier. La plupart de ces dames ne laissèrent pas de l'intéresser. Louisanne se demandait ce que deviennent après la saison des aventures, toutes ces brûlantes créatures qui n'ont su être ni épouses ni mères. L'histoire de la belle marquise de Miraflor, si lâchement abondonnée par l'infâme Clochebourde, lui parut des plus plaisantes. Deux ou trois romans la charmèrent par la vérité des sentiments, la finesse d'observation, la sobriété des incidents. En somme, elle ne goûta que médiocrement ces lectures. Les peintures du monde qu'elle y trouva, lui rendirent plus chère la retraite embaumée où elle avait résolu de vivre ; tout au rebours de Valentin, elle acheva de puiser dans ces récits violents la conviction que le bonheur habite les régions paisibles.

La promenade, les entretiens familiers, les pèlerinages aux châteaux en ruines, remplissaient les journées oisives. Ce coin de terre que la Sèvres arrose, est véritablement enchanté. C'est le plus frais asile qu'aient jamais pu rêver le bonheur et l'amour. M. Fléchambault en faisait les honneurs à Louisanne avec une courtoisie digne des plus beaux temps de la galanterie française.

Un jour qu'ils erraient dans les environs de Tiffauges, ils eurent la fantaisie de visiter le petit castel où s'était endormi de son dernier sommeil le chevalier de Sainte-Amarante. Tout y respirait l'abandon. Assise sur le pas de la porte, comme l'image de la Solitude, une vieille femme filait sa quenouille de chanvre, en chantant d'une voix dolente un air du pays. Les poules, les oisons, les canards qui égayaient autrefois la cour, semblaient plongés dans une morne tristesse, comme s'ils eussent compris qu'ils n'auraient jamais le suprême honneur de paraître sur la table du chevalier. En revanche, les ronces, les orties, les bardanes affichaient avec insolence le luxe de leur végétation. Sur le perron, et le long des murs, les lézards se chauffaient au soleil. Dans le jardin, quelques scabieuses fleurissaient en signe de deuil. Le manoir avait conservé sa physionomie rêveuse. Des touffes de giroflées jaunes calfeutraient les crevasses de la façade. A l'intérieur, rien n'était changé. Le paravent de cuir de Hollande se tenait debout à la même place; seulement l'enceinte était vide. Quelques volumes oubliés s'élevaient çà et là sur le parquet et formaient des monticules de poussière. Quant aux araignées, elles filaient leurs toiles absolument comme si le chevalier eût encore été vivant. M. Varembon et M. Fléchambault firent l'oraison funèbre du défunt, dans le goût des imprécations de Camille. L'un lui demandait compte du bonheur de sa fille; l'autre lui redemandait son neveu, comme Auguste ses légions à Varus. Quant à Louisanne, elle observait avec mélancolie cette demeure où Valentin avait désappris à l'aimer.

Cependant tout espoir n'était pas encore perdu. On savait, par un ancien armateur de Marseille, que Valentin n'avait pas quitté la France. Il voyageait dans le Midi. M. Fléchambault encombrait de ses lettres le bureau poste-restante de toutes les villes où son neveu était présumé devoir s'arrêter. Tous les genres d'éloquence enseignés par la rhéthorique se trouvaient réunis dans ces épîtres, les plus belles, les plus touchantes qu'ait jamais écrites un oncle aux abois. M. Fléchambault s'y montrait tour à tour suppliant comme la mère de Coriolan, foudroyant comme Démosthènes. Dans toutes, il portait jusqu'aux nues la grâce, la beauté de Louisanne. Tantôt il appelait Valentin à mains jointes; tantôt il le sommait d'accourir, sous peine d'être maudit, et, qui pis est, déshérité. Il paraissait difficile que ce jeune homme résistât aux prières de cet oncle éloquent et désespéré. M. Fléchambault ne doutait pas qu'il ne s'empressât de rentrer au bercail; il en donnait l'assurance à ses hôtes. La tête est folle, mais le cœur est bon, disait-il. Déjà les deux amis discutaient la façon dont ils recevraient Valentin. M. Fléchambault inclinait naturellement à la miséricorde; M. Varembon insistait pour qu'on l'accueillît avec une réserve pleine de dignité. Louisanne était d'avis que tout le monde l'embrassât.

Non, vous ne présumiez pas trop du cœur de votre neveu, ô le plus estimable, ô le meilleur des oncles que la terre ait porté! Valentin, malgré ses folies, était un digne et honnête garçon, incapable, j'aime à le croire, de résister aux supplications de son vieil ami. Malheureusement dans toutes les villes où il s'arrêta, la pensée ne lui vint pas d'entrer à la poste aux lettres. Il ne comptait recevoir de nouvelles qu'en Italie.

Un beau matin, le facteur rural remit à M. Fléchambault un pli au timbre d'Arles. Valentin rassurait tendrement son bon oncle ; il continuait de jouir d'une santé parfaite ; il bravait impunément les flèches du soleil et les brusques attaques de ce coupe-jarret qu'on nomme le mistral ; il s'était fait, sans trop de peine, à la cuisine du Midi. Après une dissertation sur les antiquités d'Arles, et quelques phrases obligées sur la beauté des Arlésiennes, il présentait ses respects à M. Varembon, ses hommages à mademoiselle Louisanne, et terminait en annonçant qu'il n'écrirait plus que de Rome, où il devait passer l'hiver.

Ce fut le coup de grâce. M. Fléchambault ne s'en releva pas. L'abattement, le désespoir de cet excellent homme que rien ne pouvait plus égayer ni distraire, fut pour Louisanne un chagrin réel, le premier qu'elle eût ressenti. A tout ce qu'elle essayait encore de lui dire pour le réconforter, il ne répondait le plus souvent qu'en secouant tristement la tête. Ce n'était pas seulement ses espérances déçues, ses projets renversés, que pleurait M. Fléchambault. Il s'inquiétait avec raison de la destinée de son neveu. Il se disait qu'à force de chercher des aventures, Valentin finirait par en rencontrer. Il avait toujours présent à la mémoire Don Quichotte rentrant chez lui, roué de coups, meurtri, moulu, brisé, broyé, n'en pouvant plus; il se demandait avec effroi si Valentin reviendrait au logis en meilleur état que le chevalier de la Manche.

M. Varembon se consola par l'acquisition d'une magnifique propriété qui commençait à la limite des Cormiers et s'étendait jusqu'aux alentours de Tiffauges, sur les deux rives de la Sèvres. Un château seigneurial en était le centre, et, pour ainsi dire, le point de ralliement.

— Tu seras là comme une reine, disait M. Varembon à Louisanne, en lui montrant son petit royaume.

— Oui, mon père, comme une reine, répliqua Louisanne qui s'ennuyait déjà.

CHAPITRE XV.

XV

La lettre d'adieu de Valentin, cette lettre que M. Fléchambault comparait si ingénieusement à la flèche des Parthes, nous dispense de raconter les luttes, les combats qui s'étaient engagés dans le cœur de ce jeune homme, après le départ de son oncle pour Nantes.

Pendant qu'il se promenait sur le bord de la Sèvres, Valentin avait cru entendre, dans le bruit du vent, des voix jeunes et fraîches qui se raillaient de sa résolution ; il avait cru voir, à travers le feuillage bleuâtre des saules, les ombres de la Giuliani et de la Brambilla, qui l'attiraient en souriant. Moins résigné que le fils d'Abraham, il s'était enfui pour échapper au sacrifice. Sa fuite n'avait pas été sans remords ; toutefois, au bout de vingt-quatre heures, il s'était senti léger comme un jeune Mohican qui a réussi à briser ses liens, au moment où un gros d'Iroquois se préparaient à le mettre à la broche.

La saison était brûlante. Une fois à Avignon, Valentin reconnut que ce qu'il avait pris jusque-là pour le soleil n'en était qu'une froide et pâle imitation. Il s'était laissé dire qu'à cette époque de l'année Rome n'est, à proprement parler, qu'une solitude embrâsée, pareille au désert de Sahara : il résolut donc de ne s'embarquer pour Civita-Vecchia que dans les premiers jours de septembre, et de parcourir, en attendant, une partie du Midi de la France. Pour ne rien cacher, un mystérieux attrait le retenait sur cette terre qui fut le berceau des troubadours, que les poëtes ont chantée, où croissent les oliviers.

Il songeait avec ivresse à toutes les passions qui devaient s'allumer à ce soleil de flamme, bouillonner et s'épandre comme la lave d'un volcan. Peut-être espérait-il trouver sous l'azur foncé de ce beau ciel, ce qu'il avait cherché vainement sous le plafond de papier-brouillard qui s'appelle le ciel à Paris. Il croyait naïvement que, sur les bords du Rhône, il en est de l'amour comme de la vendange; il se figurait volontiers que les cœurs n'y sont pas moins chauds que les vins. Et puis, ainsi que l'avait dit Rodolphe, les voyages ont de si délicieux hasards!

Voilà donc Valentin battant la Provence en tous sens. S'il ne rencontra pas d'aventures, il trouva force poussière sur son chemin. A Vaucluse, il faillit être dévoré par les moustiques. Ce petit accident acheva de l'exaspérer contre Pétrarque et contre Laure qu'il n'avait jamais aimés.

On comprendra sans peine que ce couple d'amoureux transis, l'un confit en sonnets et l'autre en dévotion, ne dût sourire que médiocrement à l'imagination de notre héros. Valentin se sauva en les chargeant de malédictions.

A Nîmes, les arènes lui donnèrent un avant-goût du Colysée ; s'étant avisé de monter à la Tour-Magne, il prit une courbature qui le mit pour huit jours au lit.

A Arles, il s'était vanté, en écrivant à son oncle, de braver impunément les flèches de Phœbus et la cuisine du Midi. La vengeance ne se fit pas attendre. Le lendemain, Phœbus le traita comme un fils de Niobé. Comme il suivait à la dérobée une jeune Arlésienne qu'il se flattait d'avoir fascinée d'un regard, et qui ne l'avait pas seulement remarqué, Valentin reçut en plein visage un coup de soleil qui l'obligea de garder la chambre. Dès qu'il fut guéri, il s'empressa de gagner Marseille, où il pensa mourir d'une bouillabaisse.

Ce fut le onze septembre, à quatre heures du soir, qu'il mit le pied sur le pont du *Sésostris*, un des paquebots de l'État, faisant le service de la Méditerranée. La machine chauffait; déjà les matelots levaient l'ancre; les embarcations se pressaient autour du navire. Arrivé un des premiers, Valentin observait tour à tour les passagers qui montaient à bord. C'étaient des prêtres arméniens, des artistes barbus et chevelus, des diplomates se rendant à leur poste, de jeunes époux allant en Italie savourer les douceurs de la lune de miel, puis une foule d'Anglais et de vieilles Anglaises ressemblant toutes à madame de Kergoulas, qui s'abattaient sur le bâtiment comme une nuée de mouettes et de pingoins.

Le vent soufflait de terre ; la mer était paisible. Le *Sésostris* offrait toutes les recherches du luxe, permettait toutes les jouissances du bien-être. Le capitaine avait les manières d'un gentilhomme, ses lieutenants la courtoisie qui est de tradition chez les officier de notre marine. A part les Anglais et les vieilles Anglaises, tout promettait à Valentin une agréable traversée ; mais, grâce à son idée fixe, ce malheureux jeune homme ne savait profiter d'aucun des biens qu'il avait sous la main.

Parmi les figures qui l'entouraient, il n'en avait pas découvert une seule où son cœur pût se prendre, son imagination s'accrocher. Pas une probabilité d'aventure ! pas une chance d'incident ! pas même une tempête en perspective ! Le vent, la mer, l'équipage et les passagers, tout était au calme plat. Valentin se rongeait les poings : le roman maritime lui échappait comme les autres.

Le soleil avait disparu depuis longtemps de l'horizon. La lune, pleine et radieuse, suspendue au zénith, inondait de clarté l'immensité des flots. La Méditerranée était unie comme un miroir; seulement, çà et là, la crête argentée d'une vague invisible scintillait sur la nappe d'azur comme un bouquet d'étoiles tombé du firmament. Le *Sésostris* filait six nœuds à l'heure ; ses roues formidables lançaient des étincelles, et semblait tourner dans la braise liquide. Le pont était désert ; on n'entendait que le pas mesuré de l'officier de quart. De tous les passagers, Valentin veillait seul. Appuyé sur le bastingage, il songeait avec amertume à l'acharnement de sa destinée.

— A coup sûr, se disait-il, en m'embarquant à Marseille pour Civita-Vecchia, je n'espérais pas rencontrer de pirates à combattre, monter à l'abordage et tuer de ma main une demi-douzaine de mécréants. Je ne comptais pas davantage éveiller, pendant la traversée, une de ces passions terribles qu'un regard suffit à allumer, et que la vie tout entière ne suffit pas à éteindre. Je sais trop bien que de pareils bonheurs ne sont pas faits pour moi. Cependant, Sort jaloux, ne pouvais-tu me ménager un de ces poétiques prologues dont Rodolphe me parlait un jour, ou tout au moins un ouragan qui brisât les deux roues du navire et jetât mon corps inanimé sur une plage hospitalière! Là, peut-être, une sœur d'Haïdée eût disputé mes lèvres aux baisers glacés de la mort. Sort cruel, je pensais que ta rage, assouvie sur le continent, ne me poursuivrait pas jusque dans l'empire de Neptune. Je me trompais. Ce n'était pas assez pour toi de m'avoir promené, comme un commis voyageur, d'un bout de la France à l'autre ; il faut maintenant que j'aille de Marseille à Rome, comme un bourgeois de la rue Charlot va le dimanche de Paris à Saint-Cloud. Entrailles du Christ ! si je jetais une de ces vieilles Anglaises à la mer ? Cela me distrairait un peu.

Il en était là de son monologue, quand tout-à-coup une voix jeune et triste murmura doucement :

— Mon Dieu, la belle nuit !

Ce fut comme un soupir, comme une note mélodieuse qui s'éteignit dans l'harmonie des flots.

Valentin tressaillit et tourna la tête : à quelques pas de lui, une femme se tenait accoudée sur le bastingage, dans une attitude pensive et recueillie. Son profil, d'une pureté irréprochable, se détachait sur le bleu du ciel. La main qui soutenait son front se perdait à demi sous les boucles de son épaisse et brune chevelure. Son regard plongeait tour à tour dans les profondeurs de la mer et dans les profondeurs des plaines étoilées. Malgré la tristesse empreinte sur sa physionomie, elle paraissait être dans tout l'éclat de la jeunesse et de la beauté. Tout révélait en elle une fleur du Midi. Il y avait jusque dans sa mélancolie quelque chose d'ardent, de passionné qui ne se trouve pas chez les filles du Nord. Un filet de soie rouge était négligemment jeté sur ses cheveux. Des bracelets de toute forme s'enroulaient autour de son bras. Une robe d'un goût sévère dessinait toute l'élégance de sa taille. Valentin se demandait avec émotion d'où venait cette mystérieuse créature qu'il n'avait pas encore aperçue. Rien qu'à la façon dont elle avait prononcé ces simples paroles : *Mon Dieu, la belle nuit!* Valentin avait pressenti des abîmes de poésie.

La situation n'était pas vulgaire et pouvait devenir romanesque. De semblables occasions étaient trop rares dans la vie de notre héros pour qu'il ne s'empressât pas de les saisir. Il avait déjà préparé, pour engager l'entretien, une phrase des plus éloquentes, où respirait la fleur du sentiment, et dont l'effet lui paraissait certain. Seulement, comment s'y prendre pour attirer l'attention de la jeune femme, qui s'enfonçait de plus en plus dans sa contemplation solitaire? Par quel détour ingénieux, par quelle ruse délicate lui montrer qu'il y avait près d'elle un témoin de sa rêverie? Valentin se recueillit un instant; quand il leva les yeux, l'apparition s'était évanouie.

Dans la pénurie d'émotions où vivait le neveu de M. Fléchambault, les incidents les plus insignifiants prenaient aussitôt des proportions épiques. Il faut avouer, d'ailleurs, que cette apparition sur le pont d'un navire, au milieu de la nuit, eût pu donner l'éveil à une imagination moins prompte à s'émouvoir, que celle de notre ami. La jeune femme avait, en s'éloignant, laissé tomber son mouchoir sur le pont. Valentin le ramassa, l'examina au clair de la lune et fut d'avis que la garniture de valenciennes, n'ôtait rien au prestige du gracieux fantôme, non plus que la couronne de comtesse qui surmontait le chiffre brodé sur un des coins. Il finit par le porter à ses lèvres, et s'enivra du parfum qui s'en exhalait : parfum sans nom qu'une femme jeune et belle attache à tous les objets de sa toilette.

Le lendemain, au point du jour, Valentin qui avait dormi, roulé dans son manteau, à la belle étoile, se promenait sur le tillac. Il attendait avec impatience, non pas le lever du soleil, mais le lever des passagères qui sommeillaient encore dans les cabines. Il vit paraître successivement toutes les figures qu'il avait remarquées la veille ; mais son regard chercha vainement la seule qu'il eût voulu trouver. Il espérait qu'elle se montrerait au déjeûner ; ce dernier espoir fut déçu. De guerre lasse, il prit le parti de s'adresser à la femme de chambre attachée au service des passagères. C'était une fille de la Provence, à la hanche forte, à la jambe vigoureuse, au minois éveillé et mutin.

— Mon enfant, dit Valentin, en lui glissant dans la main une pièce d'or, qu'elle mit sans façon dans sa poche, il se passe ici d'étranges choses.

— Quoi donc, Monsieur?

— Parmi les dames que vous servez, n'y en a-t-il pas une, jeune, belle, élégante, qui se cache à tous les regards? Ne vous troublez pas, ma chère. Dites-moi tout; je suis incapable d'abuser d'une confidence.

— Eh! pourquoi voulez-vous que je me trouble? répliqua hardiment la Provençale, avec le plus pur accent de son pays. Il y a au n° 5 des premières places une jeune dame qui voyage avec son mari, le comte de Pietranera. Ce sont des Corses.

— Des Corses! s'écria Valentin. Il y a des Corses à bord! Dites-moi, mon enfant, elle a l'air bien souffrant, la comtesse de Pietranera?

— C'est que probablement elle ne se porte pas très bien.

— Elle paraît profondément triste?

— C'est que sans doute elle n'a pas de bonnes raisons pour être gaie.

— Et le comte? est-il jeune? est-il beau?

Ont-ils l'air de s'aimer? N'avez-vous pas surpris dans leurs regards, dans leurs gestes, dans leur attitude?...

— Ah! mon joli Monsieur, vous m'en demandez trop long. On m'appelle de tous côtés, et je n'ai pas le temps de bavarder.

— Un mot, encore un mot! s'écria Valentin en la retenant; où vont-ils? où débarquent-ils?

— Peut-être à Livourne, peut-être à Civita-Vecchia : peut-être iront-ils jusqu'à Naples. Ça dépendra de la santé de la comtesse. Voilà du moins ce que m'ont dit leurs gens.

A ces mots, la brave fille planta là Valentin qui ne regrettait pas ses vingt francs.

— Des Corses, se disait-il ; un ménage corse, ici, près de moi, à deux pas !

CHAPITRE XVI.

XVI

Valentin savait par Rodolphe et par ses lectures que la Corse est un coin de terre privilégié où rien ne se passe comme dans les autres pays ; il retrouvait dans sa mémoire toutes les histoires de vengeance et de meurtre, d'amour et de jalousie auxquels cette île farouche a servi de théâtre. Le comte Orsini, ce mari sanguinaire qui avait tué sa femme et que Rodolphe avait tué, était Corse. Quelle étrange coïncidence! L'aventure de Rodolphe avait fini par un mouchoir ; c'était par un mouchoir que commençait l'aventure de Valentin ; car, soit folie, soit pressentiment, Valentin ne doutait pas qu'il ne fût enfin sur la trace d'une aventure. Il avait à peine entrevu la comtesse ; mais l'attitude brisée de cette belle créature, la pâleur de son front, l'ardente mélancolie de son regard, le soupir qui s'était exhalé de son sein dans le silence de la nuit, tout avait révélé au muet témoin de sa rêverie un cœur dévasté, une âme incomprise, une destinée sillonnée par la foudre. Jeune ou vieux, beau ou laid, le comte de Pietranera était évidemment un tyran jaloux, qui tenait sa femme en charte privée et savourait la joie de la sentir mourir à petit feu. A coup sûr, il y avait là les éléments d'un drame, d'un roman ; comment les mettre en jeu ? Telle était la question. Valentin s'agitait dans son impuissance, quand le sort qu'il avait outragé la veille vint généreusement à son aide.

Parmi les passagers qui occupaient modestement l'avant du *Sésostris*, il y avait des artistes napolitains, bohémiens de l'art, artistes en plein vent, qui retournaient dans leur patrie, après avoir exploité les rues et les places publiques des principales villes de France. Ils sollicitèrent et obtinrent sans peine l'autorisation de donner un petit concert sur l'arrière. Les instruments furent tirés des étuis de serge, et la troupe nomade passa triomphalement de la proue à la poupe. Sans doute, ce n'étaient pas des virtuoses de premier ordre, et pourtant je ne pense pas que jamais concert ait été si charmant. Accourus aux premiers accords, les passagers formaient çà et là des groupes pittoresques. Assis sur le pont, deux ou trois jeunes peintres traçaient sur leur album le portrait d'un prêtre arménien ou le croquis d'une vieille anglaise. Des figures curieuses applaudissaient par un sourire à la fidélité du crayon. Cependant le chant des harpes se mariait au bruit de la mer, qui faisait l'accompagnement. Les flots étincelaient ; l'air était embaumé du parfum des côtes prochaines. Les dauphins, les marsouins cabriolaient autour du navire qui s'avançait comme une citadelle flottante, d'où s'échappaient les mélodies des *Puritains* et de la *Norma.*

Valentin contemplait ce tableau. En tournant la tête, il reconnut à quelques pas de lui la comtesse de Pietranera. C'était elle ! Triste, rêveuse, languissante, mais d'une incomparable beauté, elle s'appuyait sur le bras du comte, qui expliquait par sa seule présence la mélancolie de sa femme. C'était certainement le plus vilain Corse qui fût jamais sorti de son île. Il en avait fini depuis longtemps avec les grâces de la jeunesse. Une barbe touffue, panachée, d'une incroyable variété de nuances, ne laissait voir de son visage qu'un nez qui rappelait confusément le nez des races royales, et deux yeux qui brillaient comme deux tisons dans un buisson d'épines. Gros et court, il était vêtu d'une redingote noire à brandebourgs, et portait des bottes molles sur un pantalon collant. Valentin l'examinait avec complaisance : c'était le mari qu'il lui fallait, c'était le monstre qu'il avait rêvé. Quant à la femme, il ne pouvait la souhaiter plus belle.

Il s'agissait d'entamer l'aventure. Tout autre que Valentin eût longtemps cherché un expédient. Mais lui, passé maître en rouéries de tout genre, il le trouva sans hésiter.

— Madame, dit-il, s'approchant furtivement de la comtesse de Pietranera, vous venez de laisser tomber votre mouchoir.

Et il présentait avec respect le mouchoir bordé de dentelle, qu'il avait ramassé la nuit sur le pont.

— Antonia, dit le comte, vous aviez donc deux mouchoirs, car j'en vois un à votre main ?

Valentin comprit qu'il avait fait une sottise.

— Peut-être n'est-ce pas le mouchoir

de madame, ajouta-t-il en balbutiant; je me serai trompé.

— C'est pardieu bien un mouchoir de ma femme, s'écria le Corse en prenant vivement le mouchoir des mains de Valentin. Tenez, voilà son chiffre. Vous aviez donc deux mouchoirs, Antonia?

— C'est possible, je le crois, je ne sais, repartit d'un air distrait la comtesse qui paraissait indifférente à tout ce qui se disait autour d'elle.

Valentin était sur des charbons ardents. Il venait d'allumer la jalousie du mari avant d'avoir éveillé l'amour de la femme. Cependant, l'affaire, quoique mal engagée, tourna mieux qu'il ne pouvait raisonnablement l'espérer. Humilié de l'échec qu'il avait essuyé, il allait s'éloigner: le comte le retint par une de ces questions banales qui sont, entre voyageurs, le prélude obligé de tous les entretiens. On peut croire que Valentin ne se fit pas prier pour répondre. Peu à peu la conversation s'anima ; au bout d'une heure le comte de Pietranera et le neveu de M. Fléchambault causaient comme de vieux amis.

L'intimité va vite en voyage. Le comte avait d'ailleurs dans l'esprit et dans les manières une franchise, une rondeur à laquelle Valentin était loin de s'attendre. Il appartenait à cette classe de touristes expansifs qui croiraient manquer de politesse envers les gens, s'ils ne les prenaient aussitôt pour confidents de leur vie tout entière. On eût dit, à l'entendre, le plus honnête homme du monde. Il raconta qu'il était immensément riche. Une succession à recueillir l'avait appelé de Corse en Provence. Il s'était embarqué à Marseille avec l'intention d'aller jusqu'à Naples, mais la santé de sa chère Antonia l'obligeait de changer son itinéraire : ils débarqueraient à Livourne, passeraient la fin de l'automne à Florence, puis de là ils iraient à Rome prendre leurs quartiers d'hiver. Il s'interrompait de temps en temps pour adresser à la comtesse quelques paroles affectueuses.

— Comment vous trouvez-vous, Antonia? Ce grand air ne vous fatigue pas ? Soyez sûre, ma chère, qu'un peu de distraction vous fera du bien. Déjà vous êtes mieux, Antonia. Pourquoi vous obstiner à vivre dans la solitude? Savez-vous qu'à la longue je passerais pour un mari jaloux ? Vous ne le voudriez pas?

— Ah! çà, se disait Valentin, est-ce que le comte de Pietranera ne serait qu'un mari comme les autres? Ce serait bien la peine d'être Corse et d'avoir une pareille barbe !

Toutefois, en observant le comte, plus d'une fois il avait cru voir ses petits yeux lancer de sinistres éclairs qui ne promettaient rien de bon. D'ailleurs, la comtesse était assez belle pour valoir à elle seule toute une aventure. Valentin ne manquait pas d'esprit ; le désir de plaire développa en lui des facultés qu'il ne se connaissait pas. Il parla tour à tour avec grâce, avec feu, avec gaîté, avec entraînement. Il jeta dans la conversation quelques-uns des paradoxes qui composaient le fond de son sac, et qu'il prenait sincèrement pour des vérités incontestables. Il soutint, par exemple, que, depuis la conquête d'Alger, la Méditerranée avait perdu toute sa poésie.

— Belle prouesse ! s'écria-t-il, et bien digne d'être célébrée par les cent voix de la renommée ! Autrefois, en allant de Marseille à Naples, on avait la chance de rencontrer quelques corsaires, de se battre, d'être fait prisonnier, de délivrer une belle captive. Grâce à cette maudite conquête, la Méditerranée n'est guère plus poétique aujourd'hui que la mare d'Auteuil ou l'étang de Ville-d'Avray.

Tout cela était dit d'une façon si plaisante, que le comte en riait aux éclats ; la comtesse elle-même ne pouvait parfois s'empêcher de sourire. Tout en parlant, Valentin attachait sur elle un regard sous lequel la jeune femme palpitait comme une colombe.

Ils passèrent ensemble le reste de la journée. Quelques heures encore, et le *Sésostris* arrivait en vue de Livourne. Avant de savoir où le comte et sa femme devaient débarquer, Valentin avait eu l'imprudence de déclarer qu'il allait à Rome. Comment revenir sur cette déclaration? Ce fut encore le comte de Pietranera qui le tira de ce mauvais pas.

— Pardieu! Monsieur, s'écria-t-il, vous êtes un aimable compagnon, et c'est vraiment dommage que la santé de ma chère Antonia ne nous permette pas de pousser jusqu'à Rome. Il m'eût été doux de prolonger, de resserrer une intimité qui aura été bien courte, bien passagère, et à laquelle pourtant je ne penserai jamais sans regret.

— Vous êtes trop bon, monsieur le

comte, répliqua Valentin en s'inclinant. Soyez persuadé que, de mon côté, je n'oublierai de ma vie une rencontre si charmante. Les hommes comme vous sont rares : ils laissent des souvenirs ineffaçables dans le cœur de tous ceux qui ont eu le bonheur de les approcher une fois.

— Je ne crois pas que personne en France ait plus d'imagination, plus d'esprit que vous n'en avez.

— Je ne pensais pas que la Corse vît fleurir des intelligences aussi élevées que la vôtre.

— Votre parole est étincelante comme les vagues au soleil.

— La vôtre, monsieur le comte, est profonde comme la mer.

— Antonia, s'écria le comte en se tournant vers sa femme, consultez vos forces, ma chère : vous sentez-vous le courage d'aller jusqu'à Civita-Vecchia ?

A ces mots, la comtesse frissonna et jeta sur son mari un regard suppliant.

— Si vous l'exigez, dit-elle, j'irai jusque-là ; mais vous savez combien je suis souffrante et déjà fatiguée de la traversée.

— N'insistez pas, monsieur le comte,

n'insistez pas, je vous en supplie, s'écria Valentin avec chaleur. Sans doute il m'en coûtera de vous quitter si tôt ; mon cœur s'attriste en y songeant ; mais je ne me pardonnerais pas d'avoir été pour madame la comtesse une occasion de fatigue et d'ennui. Voici le mauvais côté des voyages : on se rencontre, on se convient, on se prend d'affection l'un pour l'autre, et c'est alors qu'il faut se séparer.

— Eh bien ! répliqua le comte de Pietranera, pourquoi ne viendriez-vous pas à Florence ?

— Mon ami, vous êtes indiscret, s'écria vivement la jeune femme avec un mouvement d'effroi. Monsieur a sans doute des intérêts qui l'appellent à Rome?

—Moi, Madame, des intérêts? repartit gaîment Valentin. On voit bien que je n'ai pas l'honneur d'être connu de vous. Si des intérêts m'appelaient à Rome, Rome serait la dernière ville du monde où je voulusse aller. Vous me demanderez ce que je vais y faire : je n'en sais rien, voilà pourquoi j'y vais. L'imprévu est mon maître ; ma règle est de n'en point avoir ; je ne relève que de ma fantaisie. Je me suis embarqué pour Civita-Vecchia ; c'est une raison pour moi de débarquer à Smyrne ou à Constantinople. Comme le nuage qui court dans le ciel, j'obéis au vent qui me pousse.

— Bravo ! voilà qui est parler ! s'écria le comte en tendant une main large et courte dans laquelle il serra comme dans un étau la main fluette de Valentin. C'est entendu, vous venez à Florence. Nous y passerons d'heureux jours. Nous visiterons ensemble les musées. Je suis sûr que vous avez sur la peinture des idées originales qui me plairont. Antonia adore les arts ; vous en causerez avec elle. N'est-ce pas, Antonia, que vous aimez les arts ? Voyons, ma chère, égayez-vous un peu ; dites quelque chose à monsieur pour le décider à nous accompagner.

Antonia promena ses regards sur la mer, et ne répondit que par un sourire étrange.

— Allons, se dit en soupirant Valentin, je ne me suis pas trompé. Ce Corse était digne de naître à Brives-la-Gaillarde ; c'est la meilleure pâte de mari qui se soit jamais vue sous le ciel. Je reconnais là mon étoile. Toutes les fois que j'allonge le bras pour saisir la poésie, je mets la main sur la prose. Je crois courir après Othello et j'attrappe Sganarelle. Que la fantaisie me prenne un jour d'aller chasser dans les déserts de l'Afrique ou dans les jungles de l'Inde, si par hasard je rencontre un tigre, il viendra me lécher les pieds. Heureusement la femme est jeune et belle ; elle est triste, je la consolerai.

En cet instant, le comte de Pietranera, qui n'avait pas cessé de fumer depuis le matin, descendit dans sa cabine pour prendre des cigarres. Valentin se trouva seul avec la comtesse. Il se préparait à lui raconter de quelle façon il l'avait entrevue pour la première fois, à la lueur des étoiles, quand tout-à-coup la jeune femme se tourna brusquement vers lui, et d'une voix brève, ardente, saccadée :

— Monsieur, lui dit-elle, au nom de votre mère, au nom de votre sœur, au nom de tout ce que vous avez de plus cher au monde et de plus sacré, ne venez pas à Florence. Allez à Rome, à Naples, à Smyrne, allez partout où je ne serai pas. Partez, lorsque j'arriverai. Fuyez-moi comme la mort. Croyez-moi et faites ce que je vous dis; il y va de vos jours. Si vous me suivez, vous êtes perdu ; si vous aimez la vie, vous ne me reverrez jamais. Obéissez aveuglément, sans hésiter, sans demander pourquoi. Pas un mot, voici mon mari !

—Eh bien ! Antonia, demanda le Corse, avez-vous décidé notre jeune ami ?

— Oui, monsieur le comte, répliqua Valentin ; et puisque madame la comtesse veut bien le permettre, j'aurai l'honneur de passer avec vous la fin de l'automne à Florence.

A ces mots, le visage du comte s'épanouit, tandis que celui de la comtesse exprimait l'épouvante.

CHAPITRE XVII.

XVII

Pour le coup, Valentin tenait une aventure. De tous les romans qu'il avait lus, en était-il un seul qui débutât d'une façon plus terrible, plus mystérieuse? Il n'aurait pas été décidé à s'attacher aux pas du comte de Pietranera, que les dernières paroles de la comtesse eussent suffi pour mettre un terme à son indécision. Qu'on se représente la joie d'un malheureux qui, après avoir poursuivi un quine pendant dix années de sa vie, voit un beau matin ses cinq numéros sortir de l'urne fatale, et l'on n'aura qu'une faible idée de l'ivresse dans laquelle nageait le cœur de notre héros. *Fuyez-moi comme la mort!* C'était plus qu'il n'en fallait pour suivre la comtesse de Pietranera jusqu'au bout du monde, quand bien même elle n'eût pas été éblouissante de grâce, de beauté, de jeunesse.

En entrant dans Florence, Valentin comprit que Rodolphe ne l'avait pas trompé. C'était le soir. Il se promena une partie de la nuit dans la ville, observant avec émotion les palais noirs et silencieux, semblables à des forteresses, les tours dont les créneaux se découpaient sur l'azur du ciel, les madones au coin des rues, les statues qui se dessinaient, à la clarté de la lune, comme de blanches ombres, sous les arceaux gothiques. Il se sentait en plein moyen-âge. A chaque instant, il croyait voir des figures sinistres se glisser le long des murailles. Une fenêtre venait-elle à s'ouvrir, il attachait sur le balcon un regard avide et curieux. S'il entendait derrière lui le pas d'un bourgeois attardé, il serrait d'une main convulsive le manche du poignard qu'il avait dans sa poche.

De loin en loin, il s'arrêtait pour écouter les cloches des couvents qui s'appelaient et se répondaient dans le silence de la nuit.

Sur la place de Sainte-Marie-Nouvelle, il rencontra une compagnie de pénitents noirs qui escortaient, à la lueur des torches, le corps d'une jeune fille. Le visage était découvert; le corps, vêtu de blanc, était entouré de guirlandes de fleurs. Valentin frissonna des pieds à la tête, et se demanda quel était ce mystère. C'était tout simplement des frères de la Miséricorde, qui conduisaient à la salle des morts une jeune fille moissonnée à seize ans. Oui, se disait Valentin s'abîmant dans ses réflexions, voilà bien la patrie des Guelfes et des Gibelins, la cité aux passions violentes. C'est le théâtre qui convient au drame où je vais me trouver mêlé.

Valentin était descendu dans un des

premiers hôtels de la ville. Le comte de Pietranera avait loué un appartement sur le quai. Ils se voyaient tous les jours ; chaque jour resserrait le lien de leur intimité. Le comte de Pietranera ne pouvait plus faire un pas sans Valentin ; il ne dînait pas de bon appétit, s'il n'avait près de lui Valentin assis à sa table. Il l'accablait d'amitiés et de prévenances, et trouvait charmant tout ce qui sortait de la bouche de ce jeune homme. Il ne voyait que par les yeux du neveu de M. Fléchambault. Ils visitaient ensemble les musées, les églises. Ils allaient aux *caschines* dans la même voiture ; le soir, la Pergola les voyait dans la même loge.

Valentin, à qui les paroles de la comtesse avaient donné l'éveil, s'était d'abord tenu sur ses gardes, observant le comte avec défiance et se demandant où ce diable d'homme voulait en venir; mais si parfois il avait cru surprendre, sous son apparente bonhomie, les instincts carnassiers du tigre et du chacal, plus souvent frappé de la franchise de ses manières, il avait fini par s'affermir dans la pensée que ce Corse était la perle des maris. Que signifiaient alors les paroles de la comtesse? D'où viendrait le danger? D'où partirait le coup qui menaçait sa vie?

De temps en temps le comte lui disait :

— Vous voyez, mon jeune ami, combien ma chère Antonia est triste. C'est une âme souffrante, une nature mélancolique.

Enfant, elle avait déjà ces dispositions à la rêverie. La solitude ne lui vaut rien ; elle a besoin de distractions.

Valentin n'eût pas mieux aimé que d'arracher Antonia à sa mélancolie. Malheureusement, plus le comte se montrait affectueux et prévenant, plus Antonia se montrait sévère, réservée, et se tenait sur le qui-vive. Vainement Valentin déployait devant elle toutes les ressources de son esprit ; à peine amenait-il quelquefois sur ses lèvres un demi-sourire. Toutes les ruses qu'il imaginait pour se ménager un tête-à-tête, échouaient contre une vigilance qui ne s'endormait jamais. Les regards de flamme sous lesquels il l'avait vue, à bord du *Sésostris*, pâlir et palpiter, ne trouvaient plus en elle qu'un marbre inanimé.

Il y avait pourtant des instants où cette jeune femme semblait oublier la réserve obstinée dans laquelle elle se renfermait. Ainsi que l'avait dit le comte, Antonia aimait les arts avec passion. Non pas qu'elle en eût fait l'étude de sa vie : en parlant des œuvres qu'elle préférait, elle montrait une grande inexpérience : mais elle avait ce goût sûr, cet instinct rapide, ce sentiment exquis de la beauté, que ne donnent pas toujours le savoir et la réflexion. La vue d'un beau tableau la plongeait en de naïfs enchantements, où se dévoilaient toutes les grâces de son esprit, tous les trésors de son imagination. On eût dit alors un papillon s'échappant de sa chrysalide. Elle savait trouver, pour exprimer son admiration, une richesse, un luxe d'images qui frappaient vivement Valentin.

Il faut le dire à la honte de notre jeune ami : il était en toutes choses d'une ignorance à peu près absolue. Il n'y avait de parfaitement développé en lui que le génie des aventures. Antonia lui ouvrit un monde nouveau. Elle l'entraîna dans son enthousiasme ; elle l'initia au culte des chefs-d'œuvre. Le soir, quand l'entretien s'engageait sur les merveilles qu'ils avaient vues dans la journée, elle faisait trêve à ses habitudes de silence, et laissait sa pensée s'épanouir librement sur ses lèvres. Valentin s'enivrait du charme de sa voix et du charme de sa parole ; en l'écoutant, il oubliait lui-même les préoccupations qui l'assiégeaient. Antonia, de son côté, paraissait se plaire à l'entendre. La discussion s'animait. Le comte, radieux, applaudissait à tout ce qu'ils disaient. Parfois, alors, Antonia avait des éclairs de gaîté ; parfois même elle allait jusqu'à se montrer prévenante, affable, presque familière ; mais tout-à-coup un nuage passait sur son front, ses beaux yeux se voilaient, son visage reprenait une expression froide et sévère. Elle se levait gravement, se mettait au piano, et ses doigts, courant sur le clavier, en tiraient des accents pleins d'une tristesse ineffable.

.

A coup sûr, il y avait un mystère au

fond de cette destinée. Valentin cherchait vainement à le pénétrer.

Un jour qu'ils visitaient la galerie des *Offices*, le comte de Pietranera s'étant assis dans un fauteuil, pour contempler à son aise la Vénus de Médicis, la comtesse, par un mouvement irréfléchi, prit le bras de Valentin, et tous deux continuèrent leur poétique excursion à travers les chefs-d'œuvre. Depuis leur arrivée à Florence, c'était la première fois qu'ils se trouvaient seuls ensemble. Valentin n'était pas homme à négliger une occasion si belle ; mais toutes les fois qu'il essayait d'amener l'entretien sur le terrain brûlant de la passion, Antonia l'arrêtait devant une toile d'André del Sarte, de Titien, ou de Raphaël, et l'obligeait impitoyablement à partager son admiration. Elle parlait avec tant de grâce, que Valentin, pour l'écouter, s'était résigné au silence ; seulement, lorsqu'il penchait sa tête près de la tête d'Antonia, étaient-ce les figures de Titien et de Raphaël qui troublaient son regard et mettaient son cœur en émoi ?

Ils étaient tous deux en extase devant un couronnement de la Vierge, peint sur un fond d'or par Beato Angelico, le peintre des visions célestes. Antonia, qui n'entendait rien aux écoles, s'était sentie tout d'abord attirée par ces maîtres naïfs, chez qui le sentiment religieux dissimule l'imperfection de l'art.

— Voyez, disait-elle à Valentin, en s'appuyant avec abandon sur son bras, que d'amour, de respect et d'humilité dans cette Vierge qui s'incline devant son fils! Elle est mère, mais son fils est Dieu. Que de majesté, et en même temps que de vénération dans l'attitude du Christ qui pose la couronne sur le front de la Vierge! Il est Dieu, mais il fut homme, et la Vierge est sa mère. Et que de foi, que de béatitude sur toutes ces figures qui entourent le groupe divin! N'entendez-vous pas le chant des séraphins? N'avez-vous pas senti le frémissement de leurs ailes? Nous ne sommes plus sur la terre; nous sommes véritablement dans le ciel.

C'était aussi l'avis de Valentin. Il sentait

à son bras le poids souple et léger d'un corps jeune et charmant. Son visage était si près de celui d'Antonia, que sa joue frissonnait sous l'haleine de la comtesse. Antonia ne se lassait pas d'admirer, quand tout-à-coup, en tournant la tête, elle aperçut le comte de Pietranera qui se tenait debout derrière eux. Elle tressaillit, quitta brusquement le bras de Valentin; sa physionomie se glaça, et le reste de la journée Valentin ne put obtenir d'elle un mot, un regard, un sourire.

Bien que le comte se fût conduit en cette occasion avec une courtoisie parfaite, bien qu'il n'eût témoigné ni surprise, ni mauvaise humeur, ni mécontentement d'aucun genre, ce petit épisode rejeta cependant Valentin dans toutes ses incertitudes. Pourquoi donc la comtesse paraissait-elle se défier du comte? Le comte était donc jaloux? S'il était jaloux, comment se faisait-il qu'il eût attiré, qu'il attirât encore Valentin dans son intimité ? A toutes ces questions notre jeune ami ne savait que répondre. Il se répétait sans cesse les paroles de la comtesse : « Fuyez-moi comme la mort. Allez partout où je ne serai pas. Si vous me suivez, vous êtes perdu. Si vous aimez la vie, vous ne me reverrez jamais. » Et sa raison s'égarait dans les ténèbres.

Ils devaient passer la fin de l'automne à Florence, et ne partir pour Rome que dans les derniers jours de novembre. Un incident sur lequel ils n'avaient pas compté, avança de quelques semaines l'époque de leur départ.

Valentin profitait des rares loisirs que lui laissait l'amitié du comte de Pietranera, pour étudier les mœurs et se mêler à la vie florentine. Il aimait surtout à errer la nuit par les rues désertes, seul, enveloppé de son manteau, prêtant l'oreille à tous les bruits, et jetant çà et là des regards remplis de défiance. Plus d'une fois, la patrouille l'avait rencontré debout, immobile devant un vieux palais, dans une attitude sombre et méditative.

Dans tous les cercles où il s'était trouvé, l'étrangeté de ses discours avait obtenu un succès rapide. Ses paroles étaient citées et volaient de bouche en bouche. Il s'informait des duels et des meurtres de la saison, absolument comme il eût demandé le cours de la Bourse. Quel mari avait tué sa femme? Quelle femme avait égorgé son amant? Il parlait à tout propos de son bon poignard, qu'il avait toujours dans sa poche, et qu'il montrait volontiers aux gens. On avait cru d'abord qu'il voulait rire ; on s'était bientôt demandé s'il jouissait de toute sa raison.

Le jour même de son arrivée, il avait mis toute la douane en révolution. On se souvient qu'il avait emporté de Paris une magnifique collection de dagues et de pistolets. Les douaniers qui fouillaient sa malle, lui ayant demandé ce qu'il comptait faire de toutes les armes qu'elle renfermait, Valentin avait répondu fièrement qu'il comptait s'en servir au besoin.

Peu de temps après, il avait jeté l'épouvante parmi les religieux du couvent de San-Marco. Il cherchait depuis une heure sur les pierres tumulaires du cloître le nom du comte Orsini, lorsqu'un groupe de moines vint à passer dans le préau.

— Mon père, dit-il à l'un d'eux en assez mauvais italien, pourriez-vous m'indiquer la tombe où repose le comte Orsini ?

— Le comte Orsini ? répliqua le religieux en se grattant l'oreille. Depuis combien de temps est-il mort? Êtes-vous sûr qu'il soit enterré au couvent?

— Je puis vous affirmer, mon père, que le comte Orsini est enterré au couvent de San-Marco. Je ne saurais préciser l'époque de sa mort. Voilà bien quelques années qu'il a rendu son âme à Dieu.

— Le comte Orsini? répétèrent à la fois tous les moines en se grattant l'oreille.

— Pardieu! s'écria Valentin, son histoire a dû faire assez de bruit dans Florence pour que vous ayez entendu parler de lui. Il s'agit de ce fameux comte Orsini qui, ayant acquis la preuve de l'infidélité de sa femme, lui plongea un poignard dans le sein ; le lendemain, il se battit en duel avec mon ami Rodolphe, qui le tua.

A ces mots, les moines se signèrent, rabattirent précipitamment leur capuchon jusque sur leur nez, et tout le troupeau prit la fuite comme s'ils eussent aperçu le diable.

Il n'y avait pas un mois que Valentin était à Florence, quand il reçut de la police un avis qui lui enjoignait de quitter la ville dans les vingt-quatre heures, et lui accordait trois jours pour sortir des États toscans. Ce fut un coup de massue. Il n'en coûtait guère à son cœur de quitter Florence et la Toscane ; mais quitter Antonia, il ne pouvait y songer. Fort de sa conscience, il alla, sans plus tarder, chez le ministre de la police.

Il s'attendait à voir, dans une espèce d'antre, un personnage farouche, entouré de hideux sbires : il trouva, dans un salon doré, un homme d'une exquise urbanité, et qui l'accueillit avec toutes sortes d'égards.

— Monsieur, dit Valentin d'une voix émue, en montrant la lettre qu'il venait de recevoir, qu'avez-vous à me reprocher? Depuis près d'un mois que je suis à Florence, qu'ai-je fait pour mériter d'en être chassé comme un malfaiteur?

— Calmez-vous, Monsieur, et veuillez vous asseoir, répliqua le ministre avec une politesse affectueuse. Je regrette d'être forcé d'user de rigueur envers vous. Notre police est éminemment paternelle et hospitalière. Elle est digne du nom qu'on lui donne ; vous savez qu'on l'appelle le bon gouvernement.

— Expliquez-moi, Monsieur, daignez m'apprendre pourquoi le bon gouvernement a cru devoir, en ma faveur, se départir de ses habitudes paternelles et hospitalières.

— Notre police, Monsieur, est bien connue par son aménité. C'est la police qui convient à un peuple heureux et tranquille. Quoique vigilante, jamais on ne l'a vue tracassière, ombrageuse comme celle de nos voisins ; aussi, dit-on avec raison que si la Toscane est le jardin de l'Italie, Florence est le salon de l'Europe. Tous les étrangers qui ont séjourné dans nos murs vous certifieront que le bon gouvernement.....

— Je suis persuadé, Monsieur, que le bon gouvernement a toutes les vertus, repartit Valentin, avec un léger mouvement d'impatience. S'il me congédie, s'il me chasse, s'il me ferme du même coup le jardin de l'Italie et le salon de l'Europe, je ne doute pas que le bon gouvernement n'ait d'excellents motifs pour en agir ainsi. Seulement, je voudrais connaître ces motifs. Lorsqu'on a le malheur d'encourir la disgrâce d'un gouvernement si bon, si paternel, si hospitalier, si plein d'aménité, si parfait en un mot, vous conviendrez, Monsieur, qu'il est permis de demander pourquoi. Encore une fois, qu'ai-je fait? Que me reprochez-vous?

— Croyez, Monsieur, que lorsque le bon gouvernement en arrive à ces extrémités, il est bien malheureux; son cœur saigne.

— Je le crois, Monsieur, j'en suis sûr. Dans vingt-quatre heures j'aurai quitté Florence; dans trois jours je serai sorti du grand-duché : mais, pour Dieu, que je sache, en partant, quels sont les méfaits que j'expie!

— Rassurez-vous, Monsieur, le gouvernement vous tient pour un galant homme, et se plaît à reconnaître qu'il n'a rien à vous reprocher. Que vous dirai-je? Il y a dans la vie des nécessités douloureuses auxquelles nous devons nous soumettre. Vous voyagez seul : je m'étonne que votre famille n'ait point placé auprès de vous un parent, un ami, quelque personne de confiance.

— Il me semble, dit en riant Valentin, que je suis assez grand pour me passer d'un gouverneur.

— Sans doute ; mais votre santé exigeait peut-être.....

— Ma santé! s'écria Valentin. Je n'ai jamais été malade, et je souhaite, Monsieur le ministre, que vous vous portiez aussi bien que moi.

— En vérité! vous n'avez jamais été malade? Vous n'avez jamais senti là quelque chose d'étrange?

— A la tête? Quelquefois, après avoir entendu une tragédie, il m'est arrivé d'avoir une forte migraine; je ne trouvais rien d'étrange à cela. Mais nous voilà bien loin de la question; souffrez, Monsieur, que je vous y ramène.

— Ainsi, Monsieur, pendant votre séjour à Florence, vous n'avez pas eu occasion de consulter les médecins en renom de notre Université? J'en suis fâché pour vous.

— Vous me permettrez, répliqua Valentin, de n'être pas de votre sentiment.

— Je me suis mal expliqué, ou vous ne m'avez pas compris. Les grands médecins, Monsieur, sont toujours bons à consulter, alors même qu'on se porte bien. Il est plus aisé de prévenir le mal que de le guérir. Ne vous y trompez pas, notre Université compte des hommes éminents. Je regrette sincèrement que vous n'ayez pas vu le docteur Punta, ou le docteur Buffalini. Buffalini est un grand docteur, mais qui doit tout à la science. Punta est né médecin comme on naît poète : au savoir de Buffalini il joint l'instinct, le génie qui devine. Il est en médecine ce que fut en chirurgie votre Dupuytren. Dans un cas ordinaire, je pourrais hésiter entre Punta et Buffalini; dans un cas embarrassant, je n'hésiterais point, j'appellerais Punta. Vous avez encore vingt-quatre heures à rester parmi nous. Croyez-moi, voyez Punta, à moins pourtant que vous ne préfériez vous adresser à Buffalini.

— De grâce, Monsieur, laissons là Punta et Buffalini, s'écria Valentin qui ouvrait de grands yeux. Prenez moins d'intérêt à ma santé. L'usage n'est pas de montrer tant de sollicitude aux gens que l'on met à la porte ; il est vrai que vous êtes le bon gouvernement. M'apprendrez-vous enfin pourquoi l'eau et le feu me sont interdits dans les États toscans ?

Comme Valentin achevait ces mots, un grand diable de laquais vint annoncer que le dîner était servi. Le ministre se leva ; Valentin, pâle de colère, tourmentait entre ses doigts les bords de son chapeau de feutre.

— Je suis désolé de vous quitter sitôt, dit le ministre en le reconduisant pas à pas vers la porte ; voici l'heure où j'appartiens à ma famille, c'est le seul moment de la journée que me laisse le soin des affaires.

— Encore un coup, Monsieur, veuillez m'apprendre.....

— Je vous en prie, ne parlons plus de cela. Je vous répète que le gouvernement ne vous reproche rien, et vous tient pour un parfait gentilhomme.

— Je ne suis pas gentilhomme, mais il m'importe de savoir pourquoi vous me chassez comme un aventurier, répliqua Valentin se contenant à peine. Répondez, Monsieur, qu'ai-je fait? A-t-on parlé de mes duels et de mes amours? Ai-je ensanglanté les dalles de vos places? porté le trouble et le désordre dans une de vos maisons? enlevé une de vos femmes? allumé la colère de quelque Florentin jaloux? Mon séjour à Florence a-t-il été signalé par un meurtre, une catastrophe? Nous savons, Dieu merci, que de pareils drames ne sont pas rares dans cette ville. Est-ce pour m'être conduit en citoyen paisible, que votre gouvernement me refuse le droit de séjour?

— Là, là, ne nous emportons pas, ménageons cette jeune tête, dit le ministre de la police, en posant familièrement sa main sur le front de Valentin. Soyez bien convaincu, Monsieur, que c'est un bonheur pour vous d'être obligé de quitter Florence. C'est un service que vous rend le gouvernement. La fin de l'automne est quelques fois brûlante en nos climats. Je suis surpris que votre famille ne vous ait pas envoyé de préférence dans le Nord de l'Europe. Peut-être feriez-vous bien cependant d'aller à Lucques achever la saison. Les eaux sont excellentes. Parlez-en à Punta ou à Buffalini.

— A coup sûr, cet homme est fou! se disait Valentin, en descendant l'escalier quatre à quatre.

— Il est fou, ce pauvre garçon! disait le ministre à sa femme, en mangeant tranquillement son risotto à la milanaise.

CHAPITRE XVIII.

XVIII

Comme il sortait de la police, Valentin aperçut le comte de Pietranera qui traversait la place du Grand-Duc.

— Savez-vous ce qu'il m'arrive ? dit-il en l'abordant. Jetez les yeux sur ce papier; vous verrez comme on entend ici les devoirs de l'hospitalité.

— Voilà qui est étrange! s'écria le comte après avoir pris connaissance du billet reçu par Valentin. C'est un congé en bonne forme. A quoi attribuez-vous cette mesure de rigueur? Auriez-vous trempé dans quelque conspiration?

— Moi? répliqua Valentin. Je n'ai jamais conspiré et ne conspirerai de ma vie ; il y a déjà bien assez de gens qui s'en mêlent.

— Mais pourquoi vous renvoie-t-on ?

— Si vous pouviez me l'apprendre, monsieur le comte, vous m'obligeriez. Je sors de chez le ministre de la police. Il m'a parlé pendant une heure de Punta et de Buffalini ;

quant à l'explication du congé qu'il me signifie, il m'a été absolument impossible d'en savoir le premier mot. Il y a là-dessous un mystère infernal qui finira par se découvrir. En attendant, il faut que je parte, sous peine d'être logé au *Bargello*. J'aurai l'honneur d'aller ce soir vous faire mes adieux, ainsi qu'à madame la comtesse.

— Du tout, du tout, je ne l'entends pas ainsi, s'écria le comte avec chaleur. Vous êtes venu à Florence à ma sollicitation, et je vous laisserais partir seul! C'est moi qui vous ai attiré dans cette ville inhospitalière, et j'y resterais après qu'on vous en a chassé! Moi, votre ami, je respirerais l'air qu'on vous refuse! Par mes aïeux, ce serait une indignité. Si vous m'en avez cru capable, c'est que vous ne connaissez pas le sang des Pietranera. Où comptez-vous aller? à Rome. Demain, nous partirons ensemble.

Ces paroles avaient été dites avec tant d'entraînement que Valentin en fut sincèrement touché.

— Je vous remercie, monsieur le comte. Vous ne doutez pas du plaisir que j'aurais à faire avec vous ce voyage. Cependant je ne voudrais pas qu'il vous en coûtât un regret. Vous vous étiez promis de passer la fin de l'automne à Florence, et je serais désolé que pour moi...

— Votre conscience peut être bien tranquille, répliqua le comte en l'interrompant. Non seulement vous ne me devez aucune reconnaissance, mais encore c'est moi qui suis votre obligé. Tenez, mon jeune ami, dussiez-vous me prendre pour un barbare, j'ai de Florence par-dessus les yeux. C'est, à mon avis, la plus sotte ville qu'on puisse imaginer. Ses palais tant vantés ressemblent à des prisons, son baptistère à un jeu de dominos, sa cathédrale à une vieille tabatière d'ivoire jauni par le temps. Ne me parlez pas de ses musées. Des tableaux, toujours des tableaux ! A la longue, c'est fastidieux, surtout pour ceux qui, comme moi, n'entendent rien à la peinture. Je suis franc, j'ai le courage de mes opinions. Je hais ces touristes, vrais moutons de Panurge, qui admirent tout sur parole et se pâment où on leur dit de se pâmer. Eh bien! Raphaël et Titien m'ennuient. J'avais compté, pour m'égayer, sur la Vénus de Médicis ; c'est froid, c'est étriqué, cela ne dit rien. Regardez un peu cette place. S'il fallait en croire les Florentins, ce serait la huitième merveille du monde. Qu'y trouvez-vous de beau? Est-ce, par hasard, ce grand coquin de bronze, foulant aux pieds le cadavre d'une femme décapitée, et tenant à sa main la tête qu'il vient de couper? Gracieux ornement pour une place publique ! Et savez-vous rien de plus inconvenant que ce groupe de marbre représentant l'enlèvement d'une Sabine ? Est-ce là des choses qu'on doive exposer en plein vent? Ce n'est pas à Ajaccio que de semblables spectacles offensent le regard des étrangers. Voilà une ville, Ajaccio ! On y vivrait cent ans sans songer à compter les heures. J'espère bien vous y voir un jour.

— Vous êtes trop bon. Je n'aurais pas eu le désir de visiter la Corse, que vous me l'eussiez donné. Ainsi, monsieur le comte, vous quitterez Florence sans regret ?

— Avec joie, avec bonheur. Croyez d'ailleurs qu'il m'eût été doux d'avoir un sacrifice à vous faire ; tout mon regret, en quittant Florence, est de n'en éprouver aucun.

Ils venaient de se séparer pour aller, chacun de son côté, s'occuper des préparatifs du départ, quand tout-à-coup le comte de Pietranera revint sur ses pas et courut après Valentin.

— Encore un mot, dit-il en prenant avec familiarité le bras du jeune homme. Toute amitié sincère a ses priviléges. Dans quelques-uns de vos discours, j'ai cru entrevoir que vous étiez parti contre la volonté de M. votre oncle. Les oncles n'ont pas toujours pour leurs neveux les égards qu'ils devraient avoir. Si le vôtre vous suscitait quelques difficultés, permettez-moi de croire, mon cher Valentin, que c'est moi qui les lèverais.

— En vérité, monsieur le comte, je suis confus de toutes vos bontés. Mon oncle est le meilleur des hommes. C'est un père pour moi, un ami. Parfois je me demande où j'ai pris le courage d'affliger ce cœur excellent. Je le connais ; bien loin de vouloir entraver mon voyage, mon oncle se jetterait au feu pour m'épargner un chagrin, un ennui, une contrariété. Je n'en suis pas moins reconnaissant de l'intérêt que vous me témoignez.

— Quoi qu'il arrive, comptez sur moi ; c'est tout ce que j'avais à vous dire.

Et là-dessus le comte s'éloigna.

Valentin retourna, la tête basse, à son

hôtel. Au milieu de ses égarements, il était resté bon, pur, loyal et honnête. C'était un de ces roués innocents, un de ces fanfarons de vice qui poussent aussi loin que possible la théorie de la corruption, et qui montrent, dans la pratique, toute la candeur, toute la naïveté d'un enfant. A l'entendre, on eût dit don Juan ; à le voir agir, Grandisson. Il avait commencé par se féliciter, par se railler tout bas de la confiance et de l'affection que lui témoignait le comte ; maintenant, il en était plus gêné, plus embarrassé qu'il n'aurait osé l'exprimer. Il se sentait écrasé par tant de franchise, de délicatesse, de générosité ; il était obligé de reconnaître qu'en tout ceci ce n'était pas lui qui jouait le beau rôle. A peine entré dans cette voie d'aventures qu'il avait si longtemps cherchée, Valentin hésitait ; il se demandait déjà avec une vague inquiétude si le grand chemin de la vie, quelque battu, quelque poudreux qu'il soit, n'est pas préférable à tous les sentiers de traverse. Toutefois ses remords ne tinrent pas longtemps contre la joie qu'il se promettait, et sa conscience s'apaisa devant l'image d'Antonia.

Ce fut un voyage enchanté. Ils avaient pris, pour se rendre à Rome, la route de Pérouse, une des plus belles de l'Italie et du monde entier. Ils allaient en poste, dans une bonne calèche anglaise, dont le comte de Pietranera avait fait l'acquisition pendant son séjour à Florence. Ils voyageaient à petites journées, n'obéissaient qu'à leur fantaisie, s'arrêtaient toutes les fois qu'un beau site ou un monument sollicitait leur admiration. Ils descendaient le soir dans quelque hôtellerie et repartaient le lendemain aux premières clartés de l'aube.

La saison était délicieuse. L'automne avait amorti les ardeurs du soleil, sans rien enlever au luxe du paysage. Les pampres encore verts s'enlaçaient aux ormeaux ; les oiseaux chantaient, comme au printemps, dans les haies de myrtes, de lauriers et de grenadiers sauvages ; les pâles oliviers mêlaient un doux reflet aux tons chauds et bleus des collines. Les haltes au milieu du jour, les pèlerinages aux couvents, les repas pris en commun, les saluts échangés avec les contadins, les baïoques jetées aux enfants qui couraient après la voiture, les arrivées à la nuit tombante, les départs au soleil levant, étaient autant d'épisodes qui renouvelaient à chaque instant le poétique intérêt du voyage.

En présence des beautés de la nature qui se déroulaient devant elle, Antonia avait oublié, comme par enchantement, la contrainte qui pesait sur sa vie. Le premier jour, elle s'était montrée pour Valentin plus réservée, plus froide que jamais ; bientôt il se fit en elle une complète métamorphose. Toutes les ondulations des coteaux, tous les caprices du ciel, tous les accidents du terrain étaient pour elle une source de joies inattendues. A voir ses transports, son naïf enthousiasme, on eût dit qu'elle contemplait pour la première fois les merveilles de la création. Ce n'était plus la figure triste et sombre que nous avons connue, et qui ne s'éclairait qu'à de rares intervalles. La jeunesse rayonnait sur son front et dans son regard. La grâce respirait dans tous ses discours. Le comte paraissait jouir du bonheur de sa femme ; de temps en temps il serrait avec effusion la main de Valentin, comme pour lui dire : Voyez, elle est heureuse !

Valentin était heureux, lui aussi ; il goûtait une félicité à laquelle il n'avait jamais songé jusque-là, et qui se révélait à lui pour la première fois. Dans cette chasse aux aventures qui venait d'absorber les plus riantes années de sa jeunesse, il n'avait éprouvé que des passions factices. La contemplation de la nature, la présence d'une femme jeune, belle et charmante, ouvraient insensiblement son âme à un sentiment qu'il ne connaissait pas. L'amour vrai, l'amour sincère se glissait peu à peu dans son cœur.

Un travail mystérieux s'accomplissait en lui. Son imagination s'apaisait; la soif de l'inconnu s'éteignait dans son sein; ses rêves, autrefois égarés dans l'espace, repliaient doucement leurs ailes et s'ébattaient autour d'Antonia. La voir chaque jour, à toute heure, l'entendre, lui parler, vivre de sa vie, admirer ce qu'elle admirait, sentir le frôlement de sa robe, marcher près d'elle quand ils montaient une côte à pied, telles étaient les joies qui suffisaient à son ambition. Sa pensée n'allait pas plus loin que le regard de la femme aimée.

Cependant son bonheur n'était pas sans mélange. Les paroles qu'avait prononcées la comtesse à bord du *Sésostris* bourdonnaient sourdement à ses oreilles, non plus comme une espérance, mais comme une menace qui le remplissait d'une vague épouvante. Le mystère qui l'avait d'abord attiré, l'oppressait maintenant comme une atmosphère orageuse. Son imagination était ramenée par son cœur vers les régions sereines et paisibles, pour lesquelles Dieu l'avait créé. Il contemplait avec ivresse cette femme jeune et belle, assise devant lui, et se disait, « Que je serais heureux pourtant, si j'étais seul avec elle, si elle était à moi, si aucun obstacle ne nous séparait ni dans le présent ni dans l'avenir ! »

Bien qu'Antonia, distraite, ou plutôt absorbée par la contemplation du paysage, témoignât par fois moins de réserve et de froideur, cependant elle tenait toujours Valentin à distance ; vainement Valentin s'était efforcé de mettre à profit les hasards du voyage et de lui parler à la dérobée, elle avait toujours trouvé moyen de l'éconduire.

Ils arrivaient à quelques lieues de Rome ; la nuit était venue ; le comte de Pietranera sommeillait. Les étoiles étincelaient dans l'azur sombre du ciel. La comtesse se livrait tout entière à l'émotion solennelle qui s'empare des jeunes imaginations aux approches de la ville éternelle. Son esprit errait à l'aventure parmi les ruines semées dans la campagne, sur le sommet des collines qui se perdaient daus la brume lointaine.

Sa main rencontra celle de Valentin. Valentin, comme s'il eût craint d'interrompre la rêverie d'Antonia et de la ramener au sentiment de la réalité, tenait, sans oser la presser, cette main qui s'abandonnait à la sienne. Ils restèrent ainsi pendant quelques instants. Antonia regardait la plaine. Une étreinte ardente la réveilla comme en sursaut. Elle retira sa main en tremblant et se rejeta brusquement dans le fond de la voiture : ils arrivèrent à Rome sans échanger un mot, un regard.

Les promenades au Colysée, au Vatican, au Capitole, remplirent la première semaine de leur séjour. Antonia se montrait de plus en plus sévère, de plus en plus défiante. Valentin ne se trouvait jamais seul avec elle, son inquiétude redoublait. Il se sentait aimé, et ne savait comment s'expliquer l'attitude de cette étrange créature. Il avait beau retourner en tous sens l'avertissement sinistre qu'elle lui avait adressé, s'épuiser en conjectures, interroger ses souvenirs, tous ses efforts venaient échouer contre cette énigme impénétrable.

Il était aimé, il n'en pouvait douter. Quoique Antonia n'eût jamais laissé tomber de ses lèvres une parole de tendresse, il ne pouvait se méprendre sur la nature du sentiment qu'il lui inspirait ; quand le bras d'Antonia se posait sur le sien, un tremblement involontaire lui disait clairement ce que sa bouche n'osait avouer. Une explication était devenue nécessaire à tout prix. Le mystère qui l'avait enivré à Florence, qui avait doublé pour lui la grâce et la beauté de la comtesse, l'obsédait maintenant ; sa curiosité, de plus en plus excitée, était montée jusqu'à la colère ; quelque danger qui le menaçât, il fallait amener Antonia à rompre le silence.

Quant au comte de Pietranera, c'était

toujours la même confiance, le même aveuglement, la même sérénité. Décidément, Valentin avait mis la main sur le modèle des maris.

Depuis quelques jours, le comte parlait d'une partie de chasse qui devait se faire aux environs d'Ostie, et à laquelle il était invité. Un soir, comme il se promenait avec sa femme et Valentin, sur le Pincio, il annonça son départ pour le lendemain.

— Je compte sur vous, ajouta-t-il, se tournant vers son jeune ami ; vous viendrez avec moi, n'est-ce pas ?

Valentin s'excusa. Il était souffrant et

avait besoin de repos. Le comte insista. Antonia se taisait; son visage exprimait une vive anxiété.

— Eh bien, dit gaîment le comte de Pietranera, puisque vous ne rougissez pas de préférer la vie oisive et nonchalante de Rome à la partie que je vous propose, puisque la chasse, cette noble image de la guerre, est sans attrait pour vous, restez donc; nous nous reverrons dans trois jours.

Le comte de Pietranera était logé place d'Espagne. Valentin donnait le bras à Antonia. Ils descendaient l'escalier de la Trinité-du-Mont; le comte les précédait de quelques pas.

— Madame, dit Valentin à voix basse, il faut absolument que je vous parle. Demain vous serez seule, demain je vous verrai.

— Malheureux ! répondit Antonia d'une voix tremblante, c'est impossible; vous vous perdez.

— Il le faut, poursuivit Valentin. J'ai besoin de vous parler, vous ne refuserez pas de m'entendre.

— Insensé, y pensez-vous? Avez-vous déjà oublié mes paroles? Ah! pourquoi m'avez-vous suivie? Ne venez pas, je vous en conjure ! Partez, je vous en supplie...

— Je n'ai rien oublié ; à demain, reprit le jeune homme.

Et sans laisser à Antonia le temps d'ajouter un mot, il rejoignit le comte de Pietranera.

Le lendemain, à la tombée de la nuit, Valentin se préparait à sortir pour se rendre chez la comtesse. Il était plein de sécurité. Dans l'après-midi, il avait vu le comte partir en calèche, au galop des chevaux. La chasse devait durer trois jours. Il s'enveloppait de son manteau, quand tout-à-coup la porte de son appartement s'ouvrit sans bruit, et Zanetta, la femme de chambre de la comtesse, entra furtivement et d'un air mystérieux. C'était une jeune et jolie fille, vive, discrète, intelligente, et qu'Antonia paraissait aimer d'une affection toute particulière. Elle donna un pli à Valentin, mit un doigt sur sa bouche et disparut sans avoir dit une parole.

Valentin brisa le cachet aux armes des Pietranera, lut d'un œil ardent la lettre que renfermait l'enveloppe à son adresse, puis, lorsqu'il eut achevé de lire, s'accouda sur une table, appuya son front sur sa main et s'abîma dans une rêverie profonde.

Voici ce qu'écrivait Antonia.

CHAPITRE XIX.

XIX

« Malheureux, qu'allez-vous faire ? Êtes-vous las de vivre ? Au nom du ciel, ne venez pas. Quittez Rome, fuyez. Il en est temps encore, demain, peut-être il serait trop tard. Ne cherchez pas à me voir, ne me revoyez jamais. Je vous dois toute la vérité. Je vais vous la dire. Pourquoi ai-je tardé si longtemps à vous la révéler ? J'étais folle. Ne venez pas, ne venez pas! Ecoutez-moi, et que chacune de mes paroles demeure à jamais gravée dans votre mémoire. Je serais coupable envers vous, coupable envers Dieu qui nous voit et nous juge, si j'hésitais un instant de plus à vous expliquer le mystère de ma vie. Ecoutez-moi, et réglez votre conduite sur le récit que je vous envoie. Vous ne savez pas qui vous aimez, vous ne savez pas qui je suis. Quand vous le saurez, quand vous me connaîtrez tout entière, alors, alors seulement, vous comprendrez toute la portée de mes avertissements, et vous partirez, Valentin. Vous partirez, je le sens bien, vous devez partir. Que ma destinée s'accomplisse! Je dois parler, je parlerai : je n'ai que trop attendu.

« Je suis le dernier rejeton d'une famille autrefois puissante, de la famille Mammiani, engagée depuis deux siècles dans une guerre d'extermination contre les Piglia-Spada. Un meurtre qui remonte à l'année 1625 et dont les causes n'ont jamais été bien éclaircies avait divisé nos deux familles et allumé une haine qui ne devait finir que par la ruine des Mammiani, ou des Piglia-Spada. Je n'ai jamais bien su, et je ne puis vous dire si ce meurtre fatal, source de tant de maux, fut l'œuvre de la jalousie ou de l'ivresse, si Francesco Mammiani, en frappant d'un coup mortel Giuseppe Piglia-Spada, vengeait son honneur outragé ou lavait dans le sang une de ces paroles imprudentes que le vin excuse sans les justifier.

« Mon père, que j'ai souvent interrogé là-dessus, m'a toujours imposé silence et n'a jamais daigné me répondre. Il est tombé lui-même dans un maquis, victime de la haine des Piglia-Spada, sans qu'on ait jamais pu savoir quelle main l'avait frappé. Depuis 1625 jusqu'à l'heure où je vous parle, notre famille a perdu douze de ses membres par le fer ou par le plomb. Celle des Piglia-Spada n'a pas été moins cruellement décimée; quatorze de ses membres ont payé de leur sang les meurtres qui avaient fait tant de veuves et d'orphelins.

« Cette guerre sans trêve et sans merci paraissait enfin terminée. Il ne restait plus un seul Piglia-Spada. Je vivais en paix avec ma mère dans un obscur village de la côte. Les procès avaient dévoré les derniers débris de nos domaines et ne nous avaient laissé qu'une pauvreté voisine de la misère. Pour subvenir aux besoins les plus pressants, nous avions vendu en pleurant les bijoux qui depuis tant de générations étaient dans notre famille et avaient toujours été respectés comme un héritage sacré. Bientôt, ces ressources épuisées, il fallut recourir au rouet, à l'aiguille, pour soutenir notre vie. Nous nous levions avec le jour, et toutes nos journées étaient remplies par le travail.

« Pourtant nous acceptions sans murmure ce rude labeur, car nous vivions en paix. La mort nous avait délivrées de tous nos ennemis. Le nom de Piglia-Spada n'était plus prononcé que par les vieillards. Nous étions pauvres, mais sans inquiétude. Dans mes rêves de jeune fille, je ne concevais pas d'autre bonheur, d'autre espérance que de prolonger, par mes soins, par mon dévoûment assidu, les jours de ma vieille mère.

« Sa bénédiction devait être mon unique héritage. Je ne pouvais donc songer à me marier. Ma mère était loin de partager ma résignation. Elle s'affligeait de notre pauvreté, en songeant qu'elle me laisserait seule, sans soutien, sans amis, sans protecteur. Elle appelait de ses vœux impuissants les prétendants qui s'obstinaient à ne pas se présenter. La solitude qui s'était faite autour de nous, et qui se fait partout autour de la pauvreté, ne la décourageait pas. Pleine de confiance en Dieu, ma mère espérait toujours que ma jeunesse et ma beauté seraient acceptées comme une dot suffisante par un cœur généreux et dévoué. Vainement la réalité démentait d'année en année ces ambitieuses espérances. Ma mère ne renonçait pas à ses rêves. Pour moi, je me serais trouvée heureuse, si elle eût consenti à se contenter, comme moi, de la destinée qui nous était échue.

« Un jour, on vit arriver dans le village un homme que personne ne connaissait, dont personne n'avait entendu parler : c'était le comte de Pietranera. Il était riche ; il se montra généreux et se fit aimer. Tous les pauvres bénissaient son nom, tant il mettait de bonne grâce et d'à-propos dans chacun de ses bienfaits. Introduit auprès de ma mère par un des anciens du pays, il ne tarda pas à devenir notre hôte familier. Chaque jour il venait s'entretenir avec nous, et, sans jamais témoigner une curiosité indiscrète, au bout de quelques semaines il savait notre vie tout entière. Il connaissait tous nos malheurs, tous nos regrets. Peu à peu il s'empara du cœur de ma mère et réussit à lui inspirer une confiance absolue. Il m'avait d'abord montré une affection toute paternelle ; je n'éprouvais pour lui ni entraînement ni aversion. Dans le fond de mon cœur je le remerciais de son amitié pour ma mère ; je lui savais bon gré des bienfaits qu'il semait autour de lui, et pourtant je ne le voyais jamais arriver avec joie.

« Au bout de quelques mois, son affection pour moi parut changer de nature et devint plus tendre. Malgré son âge qui semblait devoir éloigner de son esprit toute pensée de mariage, il n'hésita pas à demander ma main, et ma mère s'empressa d'accepter une offre qui comblait tous ses vœux. Je ne l'aimais pas ; mais je n'aimais personne. Mon cœur était libre, aucune affection passionnée ne me protégeait contre le désir de ma mère. Pouvais-je résister, seule et sans défense, aux prières qu'elle m'adressait chaque jour? Pouvais-je refuser d'assurer par mon consentement la paix de sa vieillesse? Sa fille une fois mariée, elle mourrait sans inquiétude ; elle retournerait à Dieu sans trouble, sans angoisse. Pour prix des soins qu'elle m'avait prodigués, de la sollicitude constante dont elle avait entouré ma jeunesse, elle ne demandait que mon obéissance : pouvais-je balancer ? Malgré le trouble secret, malgré l'inquiétude confuse, malgré le vague instinct de défiance qui ne m'avait pas abandonnée depuis le jour de cette fatale demande, je cédai aux instances de ma mère et devins comtesse de Pietranera.

« Mon mari fut pour ma mère un fils dévoué. Il semblait deviner chacun de ses désirs, et trouvait le moyen de les satisfaire sans lui laisser le temps de les exprimer. Il était excellent pour elle et pour moi. Son affection empressée, sa bienveillance prévenante triomphaient peu à peu de ma défiance; la reconnaissance allait lui gagner mon cœur tout entier, quand ma mère mourut. Debout à son chevet, il lui ferma les yeux et mêla ses larmes aux miennes.

« Le lendemain des funérailles, qu'il entoura de pompe et de magnificence, il m'emmenait auprès de la comtesse douairière de Pietranera, et, trois jours après notre départ, nous entrions dans un splendide château, à quelques lieues d'Ajaccio. Ma belle-mère me reçut avec une politesse froide et hautaine. Chacune de ses paroles, chacun de ses regards semblaient me dire :

Je pardonne à mon fils son étrange mésalliance, mais n'espérez pas que je vous traite comme ma fille. Je lui pardonne, mais ne croyez pas que j'oublie jamais la distance qui vous sépare de notre famille. Il est descendu jusqu'à vous, il n'a pu vous élever jusqu'à lui.

« Le comte redoublait de soins, de prévenances, d'empressement, de générosité, comme s'il eût voulu demander grâce pour l'orgueil de sa mère. Chaque fois qu'il me conduisait à la ville ou dans un des châteaux du voisinage, il voulait me voir parée d'une robe nouvelle. Aucune étoffe ne lui paraissait assez riche ; il me couvrait de perles et de diamants, et ne croyait jamais avoir assez fait pour sa femme. Heureux et fier de me voir admirée, il me couvait du regard et me remerciait du triomphe qu'il m'avait ménagé. Sa plus grande, son unique joie était de me mener partout avec lui et d'écouter le murmure d'étonnement qui accueillait notre arrivée. Malgré son âge, car il aurait pu être mon père, il ne témoignait jamais aucune jalousie, aucune inquiétude. Il voyait les jeunes gens s'empresser autour de moi, et loin de s'en alarmer, il les attirait chez lui, leur faisait fête, leur montrait en toute occasion une amitié confiante, et me grondait doucement quand je les recevais avec trop de froideur. Il s'étonnait de ma réserve et me demandait d'un ton de reproche pourquoi ses amis n'étaient pas les miens. Il y avait dans ses paroles un tel accent de conviction, de sincérité, que j'aurais cru lui faire injure en persévérant dans la contrainte que je m'étais d'abord imposée. Et pourtant, il me trompait. Hélas! je fus cruellement punie de ma confiance.

« Parmi les jeunes gens qui fréquentaient le château de Pietranera, se trouvait un Doria, d'origine génoise. Jeune, beau, élégant, Giacomo réunissait tous les dons extérieurs qui peuvent séduire les yeux d'une femme. Son air, son maintien, sa démarche me plaisaient. Pourtant je ne l'aimais pas ; car il avait dans sa conversation un ton de frivolité qui me blessait. Il était beau, mais il le savait trop. Mon mari paraissait avoir pour Giacomo une préférence décidée. Il ne se contentait pas de l'inviter à toutes ses fêtes ; il n'acceptait pour lui-même aucune invitation, s'il n'était sûr de le rencontrer. Il me vantait à tout propos son adresse, sa bonne grâce, son goût exquis, le discernement qu'il apportait dans le choix de ses amitiés ; il ne pouvait rien dire sans citer Giacomo.

« Un soir, nous étions au bal, Giacomo vint me demander une valse. J'hésitais à consentir ; je craignais d'attirer l'attention en valsant avec lui. On le voyait partout près de moi ; il me suivait comme mon ombre. J'allais refuser, quand le comte me fit signe d'accepter. Je donnai la main à Giacomo, et bientôt la valse nous emporta. Chaque fois que nous passions devant mon mari, je me sentais effrayée de l'expression singulière de son regard. Ses yeux ne nous quittaient pas; il épiait chacun de nos mouvements; il interrogeait mon visage et semblait vouloir compter les battements de mon cœur. Le bal finit et Giacomo prit congé de nous.

« Nous avions deux lieues à faire pour arriver à Pietranera. A peine étais-je assise au fond de la voiture, que le comte se mit à me parler de la fête que nous quittions. Sans savoir pourquoi, je me sentais triste et rêveuse. Le comte passa en revue tous ceux qui avaient dansé avec moi. Quand vint le tour de Giacomo, il entama son éloge, et une fois sur ce chapitre, le comte ne s'arrêtait pas. Tout entière à ma rêverie, j'écoutais d'un air distrait et répondais à peine. Comme nous arrivions au château, le comte s'aperçut que je n'avais plus mon bouquet et me demanda ce que j'en avais fait. Je l'avais oublié en quittant le bal. Cette question et surtout le ton dont elle était prononcée m'étonnèrent dans la bouche du comte. Cependant cet incident s'était effacé de ma mémoire et je n'y pensais plus, quand j'appris deux jours après que mon mari avait tué en duel Giacomo.

« Pourquoi s'étaient-ils battus? Ma pensée se reporta d'abord sur le bal où j'avais vu Giacomo pour la dernière fois, sur le bouquet que j'avais oublié, que Giacomo avait pris peut-être à mon insu, que mon mari avait reconnu dans ses mains. Mais comment concilier la jalousie du comte avec la manière dont il avait attiré, accueilli Giacomo ? Je m'informai : on me dit que mon mari s'était pris de querelle au jeu et qu'il l'avait provoqué sous le prétexte le plus futile. J'étais sûre de n'avoir rien à me reprocher ; j'étais sûre de n'avoir jamais aimé Giacomo ; je ne savais pas même s'il m'aimait. Pourtant la mort de ce jeune homme laissa dans mon cœur un regret mêlé d'épouvante.

« Je ne me sentais pas coupable, et je le plaignais comme s'il fût mort par ma faute. Cette querelle de jeu, qui avait amené leur rencontre, n'était-elle pas un pur mensonge ? J'avais toujours vu le comte de Pietranera perdre gaîment son enjeu. Je ne l'avais jamais connu ni querelleur ni intéressé. Et cependant, si le comte avait tué Giacomo par jalousie, comment expliquer sa conduite? Rien d'ailleurs dans les paroles du comte ne révélait l'orgueil de la vengeance satisfaite. Le sang qu'il avait répandu n'avait pas altéré son humeur. Il se montrait, comme par le passé, bon, affectueux, prévenant. Ce souvenir douloureux commençait à s'effacer, quand une catastrophe inattendue vint le raviver cruellement.

« Le comte m'avait présenté un jeune Anglais, arrivé depuis quelques jours à Ajaccio. Edmund Grenville, malgré la sévérité de son maintien, m'intéressait par l'élévation de son esprit, la franchise de sa parole. Je le connaissais depuis un mois à peine, et déjà je me sentais attirée vers lui par une sympathie véritable. Ses pensées venaient au-devant des miennes; nos sentiments se rencontraient. Cette sympathie était-elle destinée à devenir plus vive de jour en jour? Notre amitié devait-elle se changer en amour? Je n'en savais rien ; je n'essayais pas de le savoir. Je le voyais partir sans regret; mais je ne manquais jamais de me réjouir à son arrivée. Le comte paraissait heureux de nous voir ensemble. Il n'avait jamais témoigné à personne l'affection qu'il témoignait à Edmund. Il le mettait de moitié dans tous ses plaisirs, et, malgré la différence de leurs âges, leur intimité avait quelque chose de fraternel. Je ne songeais pas à cacher l'intérêt que m'inspirait sir Grenville, et mon mari, pour lire dans mon cœur, n'avait besoin ni de vigilance ni de pénétration.

« Un jour, il était parti pour la chasse avec Edmund et quelques gentilshommes des environs. Le soir, comme je les attendais à souper, je vis arriver le corps sanglant d'Edmund : il avait été frappé d'une balle à la tête. Par qui ? Personne ne le savait. D'où était parti le coup ? Sir Grenville était-il tombé victime de l'imprudence ou de la vengeance ? Personne ne pouvait ou n'osait le dire. Tous les visages étaient consternés. Je me tenais debout, immobile près du corps d'Edmund, et je pleurais à chaudes larmes, quand tout-à-coup je rencontrai le regard de mon mari. Une joie sauvage étincelait dans ses yeux. Je tressaillis ; une pensée terrible traversa mon cœur, mais je l'étouffai en frémissant.

« Le comte, frappé de ma tristesse, essaya vainement de la combattre. Tous ses efforts vinrent se briser contre ma douleur. Je refusais obstinément toutes les distractions qu'il m'offrait. Les fêtes, la parure avaient perdu tout leur charme à mes yeux. Inquiète, oppressée comme aux approches de l'orage, je sentais autour de moi quelque chose de terrible et de menaçant. Enfermée dans ma chambre, seule avec mes pensées, je voyais sans cesse les images sanglantes de Giacomo et d'Edmund. Je n'osais pas accuser mon mari de lâcheté, et je me demandais avec effroi si tous ceux qui m'aimaient étaient condamnés à mourir.

« Ma belle-mère tomba malade. Quoiqu'elle eût toujours été pour moi froide et hautaine, je la soignai comme j'avais soigné ma mère. Elle fut attendrie par mon dévoûment. Parfois elle me regardait avec bonté ; je voyais des larmes rouler sous ses paupières ; elle pressait ma main dans les siennes. A l'inquiétude qui se peignait sur son visage, je croyais deviner qu'elle avait un secret à me révéler.

« Un soir, nous étions seuls. Le comte était allé à la ville. La comtesse qui, pendant tout le jour, avait gardé le silence, fit un effort sur elle-même comme pour triompher de l'affaissement de ses forces, et d'une voix qui empruntait à la mort prochaine une étrange solennité :

« — Ma fille, me dit-elle, j'ai été dure pour vous, pardonnez-moi. Je vais mourir, je le sens, mes forces s'épuisent; avant de partir, je veux réparer, autant qu'il est en moi, le mal que je vous ai fait. Je ne puis rien sur le passé; mais Dieu permet du moins que je vous éclaire sur les dangers qui vous menacent. S'il me défend de vous rendre le bonheur, et cette défense est une part de mon châtiment, je peux, du moins, à cette heure suprême, vous révéler un secret horrible. Quand vous m'aurez entendue, vous ne serez pas sauvée, mais vous n'irez plus au-devant du malheur.

Savez-vous, ma fille, dans quelle famille vous êtes entrée ? Savez-vous le vrai nom du comte de Pietranera ?

« Saisie d'épouvante, je tremblais, je respirais à peine. J'attendais avec anxiété la révélation qui allait décider de mon avenir. La comtesse, par un effort surnaturel, se dressa sur sa couche et poursuivit d'une voix fiévreuse :

« —Pardonnez-moi, ma fille, pardonnez-moi. J'aurais dû vous parler plus tôt ; j'aurais prévenu de grands malheurs. Pardonnez-moi, et surtout, Antonia, que le secret qui va s'échapper de mes lèvres reste à jamais enseveli dans votre sein ! Epargnez à ma mémoire les malédictions de mon fils.

« Tout-à-coup sa voix s'éteignit. Je me levai pour soutenir sa tête. Elle m'attira dans ses bras, et comme si le remords eût doublé ses forces :

« — Ma fille, s'écria-t-elle d'une voix retentissante, le comte de Pietranera est le dernier des Piglia-Spada. C'est lui qui a tué Giacomo Doria, c'est lui qui a tué Edmund Grenville. Il tuera tous ceux que tu aimeras. S'il ne t'a pas tuée, c'est que chez nous on ne tue pas les femmes ; mais il te tuera dans ton cœur. Défie-toi de ta jeunesse, défie-toi de ta beauté. Tous ceux qu'il attire près de toi sont des victimes dévouées à sa vengeance. Ton amour donne la mort.

« A peine avait-elle achevé ce terrible aveu, que je vis, à la lueur de la lampe qui brûlait au chevet, ses lèvres trembler et ses mains s'agiter au hasard, comme pour saisir les spectres que l'agonie promenait autour d'elle. Quand le comte rentra, je priais au pied du lit où sa mère venait de s'endormir pour ne se réveiller jamais.

« Maintenant, Valentin, comprenez-vous toute ma conduite? Est-il nécessaire de vous expliquer mon attitude vis-à-vis de vous? Rappelez-vous les premières paroles que je vous ai adressées. J'avais deviné le danger qui vous menaçait ; j'avais pressenti votre amour. Je vous ai supplié de ne pas me suivre et vous m'avez suivie.

Plus tard, j'ai voulu vous éloigner à force de froideur, et vous êtes resté. Tout en vous repoussant, je m'abandonnais lâchement à la joie de me sentir aimée. Mon cœur était partagé entre le bonheur de vous voir et le besoin de vous sauver en vous éclairant. Et puis, vous l'avouerai-je, j'espérais qu'il me serait facile de me défendre contre vous ; j'espérais ne pas vous aimer. Dieu me punit cruellement; il châtie d'une main sévère mon imprudence et ma témérité. Partez donc, puisque je vous aime. Le comte, s'il ne le sait déjà, ne peut l'ignorer longtemps. Il lira dans mes yeux le trouble qui m'agite, et le dernier des Piglia-Spada sera sans pitié pour la dernière des Mammiani. Vous savez maintenant pourquoi mon mari vous attire. Il vous tuera, Valentin, comme il a tué Edmund et Giacomo. Il vous tuera, car sa mère me l'a dit, mon amour donne la mort. »

CHAPITRE XX.

XX

— Parbleu ! s'écria Valentin après avoir épuisé toutes les réflexions que lui suggérait ce formidable récit, Rodolphe avait raison. La Corse est un pays où il se passe des choses bien étranges. Je suis servi à souhait, je n'ai pas perdu mon voyage. A coup sûr, ce n'est pas à Paris, au milieu de la vie prosaïque et plate qu'on a l'habitude de vanter, que j'aurais jamais rencontré cette admirable aventure. Ce n'est pas à Paris que je me serais trouvé face à face avec un comte de Pietranera. Il faut reconnaître que ces Corses ont des idées qui n'appartiennent qu'à eux. Et moi qui avais la bonhomie, la niaiserie de m'alarmer sur la moralité de mon entreprise! Moi qui me reprochais d'abuser, de tromper, de trahir lâchement cet homme si bon, si dévoué! Moi qui allais jusqu'à me mettre sur la même ligne que les voleurs de grand chemin! Moi qui rougissais de lui voler sa femme! Tête et sang! ma conscience me la baillait belle. Mes scrupules étaient bien placés. Si j'avais accepté l'invitation du comte, à cette heure je serais étendu sur le gazon et j'aurais du plomb dans la tête. J'aurais été rejoindre Edmond Grenville. Ah! mon maître, vous espériez m'attirer dans le piège? Vous aviez compté sans votre hôte. Ah! vous vouliez, Monsieur le comte, ajouter mon nom à votre liste sanglante? Non pas, s'il vous plaît, ou, si vous me tuez, vous ne me tuerez pas du moins comme une alouette sans défense. Allons, ajouta-t-il en étreignant d'une main fiévreuse le manche d'un poignard malais, mon devoir est tracé : il s'agit d'arracher Antonia aux mains de son bourreau. Je ne l'aimerais pas, que j'accepterais encore avec orgueil une si noble tâche. Je l'aime, et si la route qui s'ouvre devant moi est une route périlleuse, elle est pleine de gloire, et le bonheur est au bout.

A ces mots, Valentin s'enveloppa dans les plis de son manteau, mit dans sa ceinture le poignard malais après en avoir caressé la lame, et sortit d'un pas assuré.

Il était logé sur la place de la Minerve. Avant d'arriver au *Corso*, il traversa rapidement plusieurs rues étroites, tortueuses et obscures. Quand il arriva sur la place *Colonna*, son parti était pris : il enlèverait Antonia. Antonia l'aimait et ne pouvait refuser de le suivre. Où iraient-ils ensemble? Le monde entier s'ouvrait devant eux; la jeune Amérique leur tendait les bras. Exalté par ces espérances, il franchit l'espace compris entre la place *Colonna* et *la Via de' Condotti*. Quelques minutes encore, et il allait se trouver en présence de la femme qu'il aimait, qu'il voulait sauver à tout prix. Son imagination, un instant assoupie, avait retrouvé toutes ses poétiques ardeurs. Son cœur battait à coups redoublés : on eût dit que sa poitrine allait éclater.

Enfin il arriva sur la place d'Espagne. La lune resplendissait au-dessus du Pincio. Onze heures sonnaient à Saint-André *delle Frasche*. Valentin s'arrêta. Le moment solennel était enfin venu : sa destinée allait se décider.

— Ombre de Sainte-Amarante, dit-il à voix basse, contemplez du haut des cieux le digne fruit de vos leçons. Ombre invisible et chère, assistez-moi de vos conseils dans cette épreuve difficile ; inspirez-moi au dénoûment de ce drame rempli de mystère. Donnez-moi l'épée d'Alexandre pour trancher ce nœud gordien. Si Dieu ne vous eût pas jeté sur ma route, où serais-je pourtant à cette heure ? J'aurais cédé, comme un enfant, aux sollicitations de mon oncle, j'aurais épousé Louisanne, et je discuterais avec mes fermiers le prix d'un bail à cheptel. Je m'applaudirais stupidement de la vente de mes seigles et de mes avoines. Vous êtes venu à propos pour me dérober à cette sotte vie. Oui, je le sens, oui, je le reconnais, j'étais né pour les grandes aventures. Dans tous les récits que nous avons dévorés ensemble, rien de pareil ne s'est offert à ma curiosité. Mon bonheur passe mes espérances.

La mort est là peut-être... Je serai digne de vous.

La fenêtre d'Antonia était doucement éclairée par la lueur d'une lampe. Une ombre svelte et gracieuse se dessinait à travers le rideau. Plus de doute, Antonia l'attendait. Valentin monta d'un pas léger les marches de l'escalier. A peine eut-il frappé d'une main discrète que la porte s'ouvrit, et Zanetta l'introduisit en silence auprès de la comtesse de Pietranera.

A la vue de Valentin, Antonia, touchée de tant d'amour, ne put retenir un cri de joie; mais bientôt, reprenant possession d'elle-même, et réprimant, par un effort énergique, le sentiment qu'elle n'avait pu contenir :

— Vous ici! s'écria-t-elle, vous ici, à cette heure! C'est donc là le cas que vous faites de mes prières! Après ce que je vous ai écrit, ne connaissez-vous pas le comte? Ne le connaissez-vous pas tout entier? Ne craignez-vous pas que son départ ne soit une ruse d'enfer? Ah! partez, je vous en conjure. Ne restez pas un instant de plus. A l'heure où je vous parle, mon mari est peut-être déjà dans les murs de Rome. Il vous tuera, s'il vous trouve seul avec moi.

Et elle attachait sur lui un regard suppliant, plein d'angoisse et d'effroi.

— Dites-moi que vous m'aimez, répliqua Valentin ; que j'entende de votre bouche ce mot qu'a écrit votre main.

— Je vous aime, Valentin, je vous aime. Et maintenant, partez.

— Oui, je partirai, s'écria le jeune homme d'une voix ardente, et son œil resplendissait de joie et de fierté, oui, je partirai, mais nous partirons ensemble. Avez-vous donc pensé que je vous laisserais à la merci d'un monstre sanguinaire? Votre amour m'a créé des devoirs et des droits. Puisque vous m'aimez, Antonia, c'est moi désormais qui réponds de vous devant Dieu. Dès à présent, vous êtes sous ma protection. C'est à moi qu'il appartient de vous délivrer et de vous défendre. Malheur! ah! trois fois malheur à l'insensé qui oserait me disputer mon bien!

Antonia contemplait en silence le visage pâle et frémissant de Valentin.

— Vous êtes vaillant, vous êtes généreux, dit-elle enfin avec un accent passionné. Vous êtes bien le cœur que j'ai deviné, quand je vous ai vu pour la première fois.

— Je vous aime, répliqua simplement le jeune homme, je vous aime pour tout ce que Dieu a mis en vous de grâce et de beauté ; je crois que je vous aime surtout parce que vous êtes malheureuse. Avant de vous rencontrer, je ne connaissais pas l'amour ; c'est vous qui me l'avez appris. Dieu m'est témoin que je ne crains pas le comte. Je suis venu m'offrir à ses coups pour vous sauver au péril de ma vie. Mais puisqu'il s'est trompé dans ses lâches calculs, puisque nous sommes seuls, puisque nous sommes libres, qu'attendons-nous ? Partons, fuyons ensemble. Vous m'avez révélé l'amour, je vous apprendrai le bonheur.

— Fuir avec vous ! s'écria la jeune femme avec un mouvement d'épouvante. Où fuir ? où nous cacher ? En quelque lieu que nous allions, la vengeance de mon mari ne saura-t-elle pas nous atteindre?

— Le dernier des Piglia-Spada est-il invulnérable? demanda Valentin relevant fièrement la tête.

— Non, il n'est pas invulnérable; mais, malgré son âge, il est sûr de ses coups. Un jour, sur la côte, je l'ai vu tuer une hirondelle de mer avec la balle d'un pistolet. Giacomo Doria passait pour habile à l'épée, et pourtant le comte l'a tué. Non, il n'est pas invulnérable, mais vous, cruel, l'êtes-vous donc, et ne sentez-vous pas que si vous mourez, je mourrai?

— On ne meurt pas lorsqu'on est aimé.

— Mon amour donne la mort, ajouta Antonia d'un air sombre.

— Votre amour donne la vie, reprit Valentin avec une tendresse ineffable. Que craignez-vous, d'ailleurs? Le monde est assez grand pour nous cacher. Je sais qu'il y a dans les Abruzzes des asiles enchantés, des retraites impénétrables. Lorsque le comte aura perdu la trace de nos pas, nous irons chercher une terre lointaine, hospitalière, où deux amants puissent s'aimer en paix. Nous irons partout où vous voudrez aller, dussé-je vous porter dans mes bras. Vous avez souffert, je vous consolerai. Quelle femme aura jamais été plus adorée que vous sous le ciel? Vous avez subi un dur martyre, mais vous êtes jeune, à votre âge il n'est rien d'irréparable. Vous n'aimiez pas Giacomo Doria. Edmund Grenville, vous l'aimiez peut-être ?...

— Non, Valentin, je sens bien, à cette heure, que je ne l'aimais pas.

— Partons! vous pouvez briser sans scrupules les liens odieux qui vous enchaînent. Dieu ne veut pas que les gazelles vivent avec les tigres, les colombes avec les vautours. Vous résigner plus longtemps serait une impiété. Venez, une vie nouvelle va commencer pour vous. Ah! si, pour vous rendre heureuse, il suffit d'un amour sans bornes, vous serez heureuse, Antonia. Je n'aurai d'autre tâche que le soin de votre destinée, d'autre ambition que de vous plaire, d'autre félicité que de vous sentir près de moi. Un jour, en songeant par hasard aux douleurs du passé, vous croirez avoir fait un rêve.

— Je le crois déjà, mon ami. Oui, déjà, en vous écoutant, il me semble que tout ce passé n'est qu'un songe. Je dormais, et je viens de m'éveiller sur votre cœur. Dieu juste! s'il était vrai que ce ne fût qu'un rêve! S'il nous était permis de vivre l'un pour l'autre, sans trouble, sans remords, à la face du ciel! Pourquoi ne vous ai-je pas rencontré quand ma main était libre, quand mon âme, avide d'amour et de bonheur, pouvait se donner tout entière? J'étais belle alors, on le disait du moins, et vous m'auriez aimée peut-être.

— Oui, dit Valentin avec mélancolie, et nous serions à cette heure au fond d'une vallée charmante, sous le toit de mon oncle qui vous appellerait sa fille.

— Dieu ne l'a pas voulu! Fuyez, partez sans moi, Valentin. Je ne dois pas vous entraîner dans mon malheur : je ne veux pas vous attacher à une destinée maudite.

— Écoutez, Antonia, reprit Valentin d'un ton résolu, si vous refusez de me suivre, je vous sauverai malgré vous. Je n'attendrai pas que Piglia-Spada me provoque, c'est moi qui le provoquerai.

— Vous le provoquerez, malheureux ! Et de quel droit, à quel titre?

— Du droit que me donnent l'amour et la justice. Je ne l'attendrai pas. J'irai au-devant de lui. Je lui dirai : Vous m'avez attiré près de votre femme. Vous avez compté sur sa jeunesse et sa beauté pour m'enchaîner à ses pieds. Vous avez espéré que je l'aimerais, qu'elle m'aimerait elle-même, et vous attendiez cette heure pour me tuer. Eh bien ! vous vous êtes trompé, nous nous aimons, et vous ne me tuerez pas. C'est moi qui vous tuerai.

Antonia, effrayée de l'exaltation de Valentin, essayait de le calmer :

— Eh bien ! oui, nous fuirons, nous partirons ensemble. Nous partirons, je vous suivrai. Mais nous avons deux jours devant nous. Avant de partir, sachons où nous allons. Choisissons une retraite sûre et qui nous dérobe à toutes ses poursuites.

Valentin s'était jeté aux genoux d'Antonia. Il couvrait ses mains de baisers et la contemplait dans une pieuse extase. Il se trouvait si heureux à ses pieds, qu'au lieu de délibérer avec elle sur le but de leur voyage, il ne songeait qu'à jouir de l'heure présente, comme si son bonheur eût été dès-lors assuré. Antonia, dominée par le charme entraînant de cette passion qui ne reculait devant aucun obstacle, partageait elle-même la confiance de

Valentin. Ils s'entretenaient doucement de leurs espérances enivrées. Ils revenaient avec joie sur leur première rencontre. Ils se rappelaient avec délices les moindres incidents de leurs promenades à Florence et à Rome. Ils se racontaient, comme une histoire ignorée, la naissance et le progrès de la passion qui les avait attirés l'un vers l'autre, qui maintenant les embrasait d'une flamme commune. Ils se révélaient l'un à l'autre ce que chacun d'eux savait, et ils s'écoutaient avec curiosité. Antonia couvait d'un œil attendri son amant agenouillé, et, à voir les regards qu'ils échangeaient, personne n'eût deviné le danger suspendu sur leur tête.

Tout-à-coup un pas rapide retentit

dans l'escalier. Antonia tressaillit et prêta l'oreille.

— C'est le pas du comte, je le reconnais, s'écria-t-elle d'une voix éperdue. Vous avais-je trompé? Il revient altéré de sang et de vengeance. Il est trop tard maintenant pour vous dérober à ses coups. Oh! mon Dieu! comment vous sauver?

— Qu'il vienne donc! s'écria Valentin. Je défendrai ma vie; je mourrai s'il le faut, et je mourrai sans regrets, puisque vous m'aimez.

La porte s'ouvrit brusquement, et le comte de Pietranera parut sur le seuil. Il s'arrêta les bras croisés sur la poitrine. Sa lèvre, à demi-enfouie sous sa moustache grise, frémissait d'une façon convulsive. Sa barbe touffue suivait tous les mouvements de sa bouche. Ses yeux, éclairés d'une lueur sinistre, exprimaient une joie farouche. On eût dit un chacal prêt à s'élancer sur sa proie. Valentin, en le regardant, se demandait avec étonnement comment il avait pu un seul instant croire à la franchise, à la bonhomie d'un pareil monstre. Il frissonna, malgré son courage, et porta la main à sa ceinture.

— A merveille, mon jeune ami, s'écria le comte avec ironie. Votre santé languissante vous défendait de me suivre à Ostie, et vous profitiez de mon absence pour séduire ma femme : vous chassiez sur mes terres !

— Je n'ai rien à répondre, répliqua Valentin. Vos armes, Monsieur le comte?

— L'épée, c'est la seule arme des gentilshommes.

— L'heure, le lieu du rendez-vous?

— Demain, à la Storta, au soleil levant.

— Vous ne m'attendrez pas, ajouta Valentin.

Et il sortit en jetant sur Antonia un regard d'amour et de compassion.

CHAPITRE XXI

XXI

Minuit sonnait quand Valentin se trouva seul sur la place d'Espagne. Malgré l'heure avancée, il se rendit à la villa Médicis, et pria deux pensionnaires de l'Académie de vouloir bien lui servir de témoins. Rentré chez lui, en attendant le jour, il écrivit à son oncle. A peine assis devant sa table, il ne put s'empêcher de s'attendrir sur l'issue probable du combat qui allait s'engager. Quelque chose lui disait qu'il ne reviendrait pas de la Storta. Il ne craignait pas la mort, il ne croyait pas payer trop cher le bonheur d'être aimé d'Antonia; mais sa pensée se reportait avec tristesse vers son oncle si cruellement déçu dans ses espérances.

Il avait quitté avec joie le calme du foyer domestique : il s'était lancé avec ivresse à la poursuite des aventures; tous ses vœux avaient été comblés; toutes les promesses de Rodolphe étaient pleinement réalisées ; l'Italie était bien ce qu'il avait rêvé, une terre féconde en émotions; toutes les rues de Rome étaient remplies de tragédies; comme pour combler du premier coup son ambition, la Corse était venue à son aide, la Corse où l'ardeur du sang perpétue depuis tant de générations les haines impérissables qui ont illustré dans l'antiquité la famille des Atrides. Certes, il n'avait pas le droit de se plaindre, et pourtant, à cette heure suprême, il jetait un regard navré sur cette vallée paisible où il avait grandi, où il aurait pu vieillir.

Il avait repoussé loin de lui le mariage que lui offrait son oncle ; il l'avait repoussé comme un dénoûment vulgaire dont son cœur s'indignait, et maintenant qu'il nageait en pleine poésie, maintenant que, docile aux conseils de Rodolphe et de Sainte-Amarante, il respirait l'air vif des montagnes et vivait dans la région des aigles, il contemplait d'un œil attristé la plaine qu'il avait dédaignée.

Il surprenait mille secrets de bonheur qu'il avait ignorés jusque-là. Il découvrait mille perspectives nouvelles, toutes charmantes, toutes imprévues; des solitudes embaumées, des asiles aimés du ciel, où des voix heureuses remerciaient Dieu d'avoir donné à l'homme la verdure, les fleurs et le soleil. L'avenir, près de se fermer, lui révélait tous ses trésors; le passé lui reprochait les joies dont il n'avait pas su jouir, et le regret des jours mal employés remplissait son cœur de mélancolie.

Quelques instants avant que l'aube commençât à poindre, il ouvrit la fenêtre et respira l'air frais du matin. Ce n'était pas les palais, les monuments, les églises de Rome que son regard attendri cherchait dans la pénombre. Il voyait les Cormiers. Il entendait le fracas de la Sèvres qui se brisait contre ses barrages ; il prêtait l'oreille au chant triste et grave des pâtres et des laboureurs. C'était l'heure où il partait pour la chasse. Ses chiens gambadaient autour de lui ; son cheval hennissait et piaffait au pied du perron. Il partait, escorté de la meute joyeuse. La vallée fumait aux premiers feux du jour ; de blanches vapeurs se détachaient du flanc des collines ; les bois se remplissaient de confuses rumeurs, pareilles au bruit lointain de la marée montante.

Cependant, soutenu, exalté par l'amour sincère et passionné que lui avait inspiré Antonia, Valentin imposait silence à ses regrets et se préparait vaillamment à mourir.

L'aube blanchissait à peine la cîme du *Monte-Mario,* quand les deux témoins se présentèrent chez Valentin, qui venait d'achever sa lettre à son oncle. S'il succombait, cette lettre devait partir, s'il survivait, elle lui serait rendue. Une voiture attendait à la porte. Valentin prit son épée. Deux heures après, la calèche les déposait à la Storta, à quelques milles de Rome.

Il eût été difficile de choisir un cadre

mieux assorti au drame qui allait se jouer. Rien ne saurait donner une idée de la tristesse de ces plaines incultes où l'on peut marcher tout un jour sans rencontrer d'autres êtres vivants que quelques pâtres armés de lances ou de fusils, et des buffles qui vous regardent d'un œil stupide, sauvage et étonné. C'est une des parties les plus âpres, les plus admirablement désolées de la campagne romaine. Pour toute végétation, quelques arbres rabougris et poudreux, jetés à de rares intervalles sur le bord du chemin; des ruines éparses dans les champs de ronces; çà et là une tombe antique à demi cachée sous les herbages brûlés par le soleil; un bloc de marbre ou de granit sur lequel dorment de longs lézards verts; des cyprès s'élevant à l'immense horizon. Pas un bruit ; tout est morne, silencieux, immobile : on dirait une mer pétrifiée, un océan d'airain.

Depuis une heure, Valentin et ses témoins se promenaient silencieusement, et le comte de Pietranera ne paraissait pas. Valentin ne savait comment expliquer l'absence du comte. Il est brave, pourtant, disait-il à ses deux compagnons ; je ne puis croire qu'il recule devant le danger. Il a bonne envie de me tuer, et ne laissera pas échapper l'occasion qui lui est offerte.

Cependant le temps s'écoulait, et le comte n'arrivait pas. Après deux heures d'une attente inutile, les deux témoins déclarèrent à Valentin qu'il avait fait son devoir et le ramenèrent à Rome. Valentin était triste, sombre, préoccupé. Il pressentait une catastrophe non moins irréparable et plus terrible que la mort à laquelle il venait d'échapper.

En rentrant chez lui, il trouva, sur sa table, une lettre.

Il pâlit en l'apercevant, et brisa le cachet d'une main tremblante.

C'était une lettre de la comtesse de Pietranera.

« Je pars, et l'adieu que je vous adresse
« est un éternel adieu, Valentin. Le comte,

« fidèle à la haine héréditaire de sa fa-
« mille contre la mienne, vous avait choisi
« pour troisième victime : n'en doutez
« pas, il vous aurait tué. J'ai voulu vous
« sauver, et je vous ai sauvé. J'ai désarmé
« votre bourreau en lui montrant que je
« suis maîtresse de son secret. Je lui ai
« jeté à la face les dernières paroles de sa
« mère expirante; je lui ai dit qu'il avait
« tué Giacomo Doria, parce qu'en le frap-
« pant il croyait me frapper; je lui ai dit
« qu'il avait tué Edmund Grenville d'une
« façon déloyale, qu'il l'avait tué lâche-
« ment, sans défense, que c'était un as-
« sassinat, et que, s'il me poussait à bout,
« il en répondrait devant les hommes
« avant d'en répondre devant Dieu.

« A ces accusations terribles, je l'ai vu

« frémissant, pâle de honte et de colère,
« mais réduit au silence, confondu, fou-
« droyé. Il a renoncé à sa rencontre avec
« vous. Vous vivrez : cette pensée, du
« moins, adoucira l'amertume de notre
« séparation. Vous vivrez : tout est bien.
« Je ne songe plus à me plaindre. Me sera-
« t-il donné de vous revoir un jour ? La
« justice divine prendra-t-elle soin de me
« délivrer et de nous réunir ? Je n'ose l'es-
« pérer. Quoiqu'il arrive, au nom de l'a-
« mour qui nous lie, promettez-moi de ne
« pas me suivre, promettez-moi de ne
« rien faire pour me retrouver. Courbez la
« tête avec résignation sous les décrets de
« la Providence. Vous ne pouvez rien pour
« ma délivrance. En essayant de vous
« rapprocher de moi, vous signeriez mon

« arrêt de mort. Oubliez-moi, cher, trop
« cher Valentin. Vous êtes libre, vous êtes
« jeune, la vie s'ouvre devant vous. Ne
« vous acharnez pas plus longtemps à la
« poursuite d'un bonheur impossible. Re-
« tournez vers votre oncle. Le bonheur,
« croyez-le bien, n'est pas dans les émo-
« tions tumultueuses. Ne vous montrez
« pas ingrat envers la destinée qui a mis
« sous votre main les biens les plus dignes
« d'envie. Pour moi, je n'oublierai jamais
« que vous m'avez aimée ; ce souvenir me
« soutiendra jusqu'à la fin de mes rudes
« épreuves. Dans la nuit sombre et mena-
« çante qui m'enveloppe de toutes parts,
« il y aura désormais un coin d'azur où je
« verrai briller une étoile mystérieuse.
« Adieu donc, jeune ami, encore une fois

« adieu ! Je me suis reposée un instant sur
« votre cœur, et je reprends sans murmu-
« rer le fardeau de mon existence.

« Antonia. »

Après avoir achevé la lecture de cette lettre, Valentin cacha sa tête entre ses mains, et le pauvre enfant éclata en sanglots.

— Ah! malheureux! s'écria-t-il, tu voulais un amour tourmenté, un amour hérissé d'obstacles et se dénouant par un coup de foudre. Tes souhaits sont comblés; tu l'as rencontré, cet amour! D'où vient donc que tu pleures? d'où vient que tu maudis le jour où tu es né?

Valentin sentait sa raison s'égarer. Il se leva, se jeta sur ses armes et courut à la place d'Espagne, décidé à tuer le comte s'il n'était pas encore parti. Le comte de Pietranera était parti dans la matinée, et Valentin ne put savoir s'il avait pris la route de Civita-Vecchia, de Naples ou de Florence.

Que faire désormais sur cette terre où il ne devait plus la revoir? Où se réfugier, après cet éternel adieu? Il saisit avec un tressaillement de joie le poison que Rodolphe lui avait donné. La mort était devant lui; un instant suffisait pour sa délivrance. Cependant, en relisant la lettre d'Antonia, son regard s'arrêta sur ces deux lignes, dont le sens lui avait d'abord échappé :

« Me sera-t-il donné de vous revoir un jour? La justice divine prendra-t-elle soin de me délivrer et de nous réunir? » Devait-il, par le suicide, protester d'avance contre la justice de Dieu? Devait-il désespérer sans retour de cette réunion qu'Antonia n'osait lui promettre, et dont la pensée avait pourtant traversé le deuil de son âme? Ces deux lignes qu'il retournait en tous sens, dans lesquelles il crut lire une confuse promesse, suffirent pour le rattacher à la vie.

Entraîné par un instinct qui sera compris de tous les cœurs vraiment amoureux, Valentin voulut parcourir à pas lents tous les lieux où le bras d'Antonia s'était appuyé sur le sien, toutes les ruines au milieu desquelles il avait entendu sa voix bénie, tous les monuments qui avaient arrêté leurs regards. Il cherchait, il retrouvait partout son image. Il se rappelait sa démarche, ses gestes, ses moindres paroles, jusqu'aux plis de sa robe, jusqu'aux inflexions de sa voix, et chacun de ces charmants souvenirs, tout en redoublant la douleur de leur séparation, ravivait en lui l'espérance de la revoir.

Là, sous les pins de la villa Borghèse, elle s'était arrêtée pour regarder les transtévérines dansant la saltarelle, au son du tambour de basque. Ici, près de l'arc de Constantin, elle s'était assise pour contempler la lune qui brillait entre les arcades du Colysée. Sous les ombrages de la villa Pamphili, dans le cloître de Saint-Jean-de Latran, sur la route d'Albano ou de Tivoli, elle avait laissé partout le doux parfum de son passage.

Il y avait surtout un endroit solitaire où Valentin aimait à s'oublier de longues heures. Non loin du fort Saint-Ange, sur la rive droite du Tibre, se trouve une villa modeste que personne ne songe à visiter, et qui jouit, parmi les Romains eux-mêmes, d'une complète obscurité. Ce n'est, à proprement parler, qu'un jardin assez négligé, avec une cassine qui ressemble à un petit castel de Normandie. Antonia, que le hasard avait conduite un jour à la villa Salvage, s'était prise d'affection pour ce coin de terre silencieux et désert, où l'on ne voit que des fleurs, où aucune ruine, aucun monument n'atteste la folie ou le malheur des hommes.

Plus d'une fois elle était venue s'y reposer des magnificences de l'ancienne reine du monde. Plus d'une fois, en marchant près d'elle dans les allées de cytises et de lauriers roses, Valentin lui avait entendu dire qu'elle aimerait mieux vivre dans cette agreste solitude que dans le palais des Borghèse ou des Corsini. Depuis le départ de la comtesse, il allait tous les jours à la villa Salvage chercher la trace de ses pas. Ce pieux pèlerinage calmait, à son insu, la fièvre de son désespoir. Seul avec ses souvenirs, il se sentait pourtant si près d'elle, les lieux qu'il visitait étaient si pleins de sa grâce et de sa beauté, qu'il ne pouvait la croire perdue sans retour, et qu'à chaque instant il s'attendait à la voir paraître au détour d'une allée.

Au milieu de ces préoccupations, toutes les histoires de Rodolphe lui revenaient parfois en mémoire. De loin en loin, sa curiosité reprenait le dessus. Le hasard avait voulu qu'il descendît dans l'hôtel où Rodolphe était descendu quelques années auparavant. Un jour, il eut la fantaisie d'interroger son hôte sur le compte de son ami.

— Il menait joyeuse vie, n'est-ce pas? Les billets parfumés devaient pleuvoir dans cette hôtellerie.

— Je n'ai jamais connu de garçon plus rangé, répondit l'hôte avec bonhomie.

— Avez-vous oublié, reprit Valentin, toutes ses brillantes équipées, la Brambilla, la Giuliani, la Rosemonda?

— Voici trente ans bientôt que je tiens l'hôtellerie où vous êtes, et j'entends aujourd'hui pour la première fois les noms que vous prononcez.

— Comment! s'écria Valentin de plus en plus surpris, vous ne connaissez ni la Giuliani, ni la Rosemonda? Vous ignorez la fin tragique de la Rosemonda, poignardée par la Giuliani? Vous vous souvenez au moins des trois mois que Rodolphe a passés au fort Saint-Ange, pour avoir enlevé la maîtresse du cardinal Bamboccini. Cela dût faire quelque bruit dans la ville.

— Bamboccini! Nous n'avons dans le sacré collége aucun cardinal de ce nom. M. Rodolphe n'a jamais dormi en prison, que je sache. Ses plus longues absences n'ont jamais dépassé trois ou quatre jours. Il a fait, hors de Rome, quelques petits voyages, à Frascati, à Genzano ; si j'en excepte le temps du carnaval, il est toujours rentré avant minuit. Je vous le répète, mon cher monsieur, je n'ai jamais connu de garçon plus rangé, plus paisible. Il sortait le matin dès dix heures, avec son guide sous le bras, courait toute la journée comme un lièvre, revenait au gîte, dormait grassement, et ne manquait jamais, en s'éveillant, de prendre le café dans son lit.

— Consultez votre mémoire, repartit Valentin. Il est impossible que Rodolphe ne vous ait jamais parlé de la Giuliani. Il est brave comme un lion, mais discret comme un trompette. Quand il est heureux, il met tout le monde dans la confidence de son bonheur. La Giuliani est une de ses plus glorieuses aventures. Il a dû vous parler d'elle, et plus d'une fois. Tenez, regardez ce flacon : il y a là-dedans de quoi foudroyer tous les buffles des Marais-Pontins. C'est le poison avec lequel la Giuliani voulait se tuer, quand Rodolphe l'arracha de ses mains.

— S'il a fait cette action charitable, et c'était le devoir d'un chrétien, il ne s'en est jamais vanté, répliqua l'hôte en branlant la tête. J'ajouterai que, si M. Rodolphe ne se fût pas conduit chez moi en bon, et tranquille jeune homme, je me serais empressé de lui signifier son congé.

A ces mots, Valentin jeta sur son hôte un regard de mépris, et sortit dans l'espérance de rencontrer quelques Romains mieux informés; mais il eut beau questionner les oisifs de sa connaissance, dont toute la vie se passait à recueillir les anecdotes de la ville, personne ne put lui fournir le moindre renseignement sur la Giuliani et la Rosemonda. Quant au cardinal Bamboccini, toutes les fois qu'il lui arrivait de prononcer ce nom, il recevait pour unique réponse un joyeux éclat de rire.

— C'est étrange, se disait-il. J'ai vainement cherché à Florence la tombe du comte Orsini ; personne ne connaît à Rome les merveilleuses histoires de la Brambilla, de la Giuliani, de la Rosemonda, et l'on me rit au nez quand je parle de la maîtresse du cardinal Bamboccini. Il y a là-dessous un mystère que je pénétrerai.

Malgré la promesse qu'il avait cru entrevoir dans la lettre d'Antonia, il n'abandonnait pourtant pas ses projets de suicide. Rome n'était plus pour lui qu'un désert. Il pensait sérieusement à quitter la vie. Seulement, il n'eût pas été fâché d'éprouver, avant de s'en servir, le poison que Rodolphe lui avait confié. La mort s'offrait à lui comme un refuge ; mais l'agonie l'épouvantait ; il ne voulait pas mourir lentement. Où trouver un sujet pour l'expérience qu'il désirait faire ? C'était là la difficulté.

Parmi les vieilles Anglaises qu'il avait vues aux premières places, sur l'arrière du *Sésostris,* une surtout l'avait frappé par l'originalité toute britannique de sa figure et de ses manières. Elle se nommait lady Penock. Valentin l'avait retrouvée partout, comme une Euménide attachée à ses pas, à Livourne, à Pise, à Florence. Le lendemain de son arrivée à Rome, en sortant de sa chambre, il s'était rencontré face à face avec lady Penock, qui sortait de son appartement. Ils logeaient tous les deux dans le même hôtel, au même étage, sur le même palier.

Lady Penock était au grand complet. Rien ne lui manquait : elle avait un chien. Par une singulière coïncidence, Fox ressemblait à Zamore, que nos lecteurs n'ont peut-être pas oublié. Cette ressemblance, en rappelant à Valentin une des plus amères déceptions de sa vie, avait tout l'air d'une raillerie. Ajoutez que Fox, du matin au soir, remplissait l'hôtel de ses jappements ; c'était le chien le plus hargneux qui se pût voir, le plus indiscret et le plus incommode. Aussi lady Penock n'aimait pas Fox ; elle l'adorait.

Un matin, comme Valentin tenait entre ses mains le flacon de la Giuliani, il vit entrer un visiteur sur lequel il ne comptait pas. C'était Fox qui venait de s'introduire étourdiment par la porte entr'ouverte. L'occasion était belle. Valentin décida sur-le-champ qu'il ferait l'épreuve du poison sur le sosie de Zamore. Il prit un morceau de sucre, l'imbiba du fatal breuvage et le présenta traîtreusement au favori de lady Penock. Le poison, d'après le témoignage de Rodolphe, devait foudroyer comme la liqueur contenue dans le chaton de Mithridate. Valentin épiait la mort; la mort ne vint pas. Fox, après avoir croqué le morceau de sucre, passa la langue sur ses moustaches d'un air satisfait, fit dans la chambre quelques gambades joyeuses, et vint s'accroupir aux pieds de Valentin, comme un convive qui prend goût au régal et attend le second service.

Enhardi par cette expérience, le neveu de M. Fléchambault porta le flacon à son nez; l'odeur ne lui était pas inconnue, bien qu'il n'eût de sa vie respiré d'acide prussique. La sérénité, le contentement éclataient dans les yeux de Fox; sa queue frétillait en signe de joie et de gourmandise. Valentin n'hésita plus; il porta le flacon à ses lèvres et le vida d'un trait. C'était du marasquin de Zara.

— Par les cornes du diable! s'écria Valentin, si la Giuliani ne s'est pas moquée de Rodolphe, Rodolphe s'est moqué de moi.

Et, dans un mouvement de colère, il jeta le flacon de la Giuliani à la tête de Fox, qui s'enfuit en poussant des cris de détresse.

Le même jour Valentin reçut une lettre au timbre de Nantes. Il reconnut aussitôt l'écriture, bien qu'il ne l'eût vue qu'une fois.

Cette lettre était ainsi conçue :

« Mon cher monsieur Valentin,

« Je vous écris à l'insu de votre oncle,

« retenu dans son lit depuis quelques se-
« maines. Vous donnez si rarement de vos
« nouvelles qu'il se croit oublié ; sans
« doute aussi il craint de vous effrayer en
« vous parlant de son état, et il est plus
« malade qu'il ne le pense lui-même. De-
« puis votre départ, il est plongé dans une
« mélancolie dont rien ne peut le dis-
« traire. Votre présence seule pourrait lui
« rendre la joie et la santé. Mon père es-
« saie en vain de l'égayer et de le rajeunir
« en lui rappelant les souvenirs de leurs
« premières années. Rien n'y fait.

« C'est à peine si nous osons lui parler
« de vous. Que faites-vous donc là-bas,
« mon Dieu ? A quoi donc vous occupez-
« vous, pour oublier si complètement les

« Cormiers ? Vous voyez donc de bien
« belles choses ? Je ne puis croire, malgré
« toutes les merveilles qu'on raconte de
« l'Italie, que l'image de votre oncle soit
« effacée de votre cœur. Il a toujours été si
« bon pour vous ! Vous savez si bien et
« depuis si longtemps que vous êtes toute
« sa vie, son unique espoir, qu'il a travail-
« lé, qu'il s'est enrichi pour vous seul, que
« vous seriez l'ingratitude même si vous
« songiez sérieusement à vivre loin de
« lui.

« Il ne vous rappelle pas, il n'osera ja-
« mais vous rappeler. Il craint, je le sens
« bien, que vous ne preniez sa prière pour
« un reproche. Il a peur, en se plaignant
« de votre absence, de réclamer comme

« un droit ce qu'il attend de votre affec-
« tion. J'ai beau veiller sur moi-même,
« votre nom arrive quelquefois sur mes
« lèvres, et alors, monsieur Valentin, je
« vois de grosses larmes rouler dans ses
« yeux. Il ne me dit rien, mais je devine
« ce qui se passe en lui.

« Allez, monsieur Valentin, au prix de
« toutes les belles choses que vous avez
« vues, je ne voudrais pas avoir à me re-
« procher un pareil chagrin. C'est si bon
« de se sentir aimé, de pouvoir se dire à
« toute heure de la journée : il y a là, près
« de moi, un cœur que je remplis tout en-
« tier. Revenez donc, revenez bien vite, et
« votre vue le guérira. Ne craignez pas
« qu'il vous parle de sa douleur. Oh ! non,

« monsieur Valentin. Il vous aime trop
« pour vous affliger. Quand il vous tien-
« dra dans ses bras, il oubliera tout ce
« qu'il a souffert et ne répandra que des
« larmes de joie.

« Voici l'hiver qui arrive. Dans les
« longues soirées, vous nous raconterez
« toutes vos aventures, et vous userez
« librement du privilège des voyageurs
« qui reviennent de loin. Soyez tranquille,
« nous vous écouterons bien, et nous
« croirons tout ce que vous direz.

« Adieu, mon cher monsieur Valentin.
« Recevez l'assurance de ma bonne et
« franche amitié.

« Louisanne. »

Le lendemain, Valentin quittait Rome et partait pour la France.

CHAPITRE XXII.

XXII

Bien qu'on fût aux premiers jours de novembre, la saison était belle encore. Valentin avait quitté la voiture à Clisson et suivait à pied les traînes à demi dépouillées qui courent sur le bord de la Sèvres. Il faisait une de ces journées où la nature sourit une dernière fois avant de se voiler, où le soleil se ranime un instant comme pour faire ses adieux à la terre. Valentin reconnaissait avec mélancolie tous les bouquets d'arbres, tous les détours de haie, tous les mouvements du paysage ; seulement, au lieu du trouble charmant qui remplit d'harmonies et d'images gracieuses le matin de l'existence, il traînait après lui cette sombre inquiétude, ce morne désespoir de la passion brisée.

Quelques mois à peine s'étaient écoulés depuis son départ, et dans ce court espace de temps il avait bien vieilli. Son front avait pâli, son regard brillait d'un fiévreux éclat; la douleur avait déjà flétri son doux visage, où, trois mois auparavant, brillait la fleur de la jeunesse. Il allait à pas lents et la tête baissée, indifférent aux beautés des campagnes qu'il avait tant aimées.

Cependant, à mesure qu'il approchait de la vallée tranquille où s'étaient écoulées ses premières années, il éprouvait un attendrissement involontaire, et lorsqu'il aperçut le toit des Cormiers à travers le feuillage éclairci, il sentit son cœur se fondre et ses yeux s'humecter. Il s'accusait d'ingratitude ; il comprenait combien il était coupable envers son vieil oncle, qui l'avait toujours traité comme un fils ; il revenait désolé, mais plein d'amour et de repentir.

Justement alarmé par la lettre de Louisanne, il s'attendait à trouver son oncle dans son lit. Quelle ne fut pas sa joyeuse surprise en l'apercevant dans une avenue du verger! La tête patriarcale de M. Fléchambault, doucement éclairée par le soleil d'automne, respirait la santé. Valentin courut à lui, et ils se tinrent longtemps embrassés.

— Mon oncle! mon ami! mon père! disait le jeune homme en le pressant contre son cœur. M. Fléchambault se taisait, mais des larmes coulaient le long de ses joues, tandis qu'il attachait sur son neveu un regard curieux et attendri.

— Cher enfant, que te voilà changé! dit-il enfin avec un étonnement douloureux. Tu as donc souffert, tu as donc pleuré, mon ami? L'air de nos champs ramènera sur ton visage les couleurs que tu as perdues.

— Oui, mon cher oncle, j'ai pleuré, j'ai souffert. Je souffre encore d'une cruelle blessure ; j'en souffrirai longtemps peut-être ; mais vous me guérirez, mon bon oncle.

Pas un reproche, pas une question indiscrète ne sortit des lèvres de M. Fléchambault. Son cœur était un abîme de tendresse et de miséricorde ; aucune réflexion amère ne troubla la joie du retour. Les serviteurs se pressaient autour de leur jeune maître, et tous lui disaient : Ne nous quittez plus, vivez au milieu de nous.

Dans la soirée, M. Fléchambault voulut entraîner Valentin chez son vieil ami Varembon.

— Viens, lui dit-il, Varembon ne t'a pas gardé rancune, et sa fille ne t'en veut pas. Ils seront joyeux de te voir.

— Rien ne presse, mon oncle, répliqua Valentin ; donnez-moi quelques jours de répit, laissez-moi tout entier au bonheur de me retrouver près de vous.

Après la façon très peu polie dont Valentin s'était conduit avec M. Varembon et sa fille, on comprend sans peine qu'il ne fût pas pressé d'affronter leurs regards. Il craignait que son oncle ne ramenât sur le tapis le mariage qui lui souriait moins que jamais. Et puis il soupçonnait Louisanne d'avoir usé de supercherie. L'air gaillard et dispos de M. Fléchambault s'accordait si peu avec les termes du message qu'il avait reçu à Rome, que son étonnement avait bientôt fait place au dépit. Et pour tout dire enfin, dans la disposition d'esprit où il se trouvait, il était bien aise de ne voir personne.

Quelques jours plus tard, comme M. Fléchambault revenait à la charge :

— Tenez, mon oncle, lui dit Valentin, je vous en prie, n'insistez pas davantage. M. Varembon est votre ami; je n'ai d'éloignement ni pour lui ni pour mademoiselle Louisanne ; mais je suis triste, je suis chagrin : j'ai besoin de solitude.

Sûr désormais de n'être pas troublé, Valentin se livrait tout entier au souvenir d'Antonia. Que faisait-elle à cette heure? Vers quelles plages lointaines son mari, son bourreau l'entraînait-il? Lui serait-il donné de la revoir un jour? Dieu prendrait-il soin de les réunir, comme elle semblait l'espérer en lui adressant ses adieux? Ce trésor de grâce et de beauté était-il à jamais perdu? Les portes de l'Eden s'étaient-elles fermées sans retour?

Cette préoccupation était devenue toute sa vie. Il n'avait plus goût à rien ; la chasse même, qu'il avait aimée avec passion,

avait perdu pour lui tous ses plaisirs.
Toute distraction lui était importune. Antonia était le commencement et la fin de toutes ses pensées. Il la voyait partout, il la mettait de moitié dans toutes ses impressions, il entendait sa voix dans les soupirs de la brise, il la mêlait à toute la nature.

Un soir, il était seul dans le salon des Cormiers. Le jour baissait; la senteur qui s'exhale des bois à la fin de l'automne, moins pénétrante, mais plus douce peut-être que celle du printemps, arrivait à pleines bouffées par la fenêtre ouverte. Étendu sur un divan, Valentin passait en revue tous les épisodes de son séjour à Florence et à Rome. Son esprit se reportait vers les *caschines*, vers l'église déserte de San-Miniato, d'où la vue se promène sur la vallée de l'Arno. Il revoyait avec elle les ruines du Colysée, les aqueducs semés dans la campagne romaine, le temple des Muses et la grotte de la nymphe Egérie. Il s'asseyait avec elle au bord du lac Némi, sur le gazon émaillé de cyclamen.

Après avoir épuisé toutes les richesses du passé, il interrogeait l'avenir d'une âme inquiète, quand la porte du salon s'ouvrit brusquement. Valentin leva la tête et demeura frappé de stupeur; il voulut s'élancer, et ses jambes fléchirent; il voulut parler, la parole expira sur ses lèvres; il ne put que tendre les bras : c'était Antonia, Antonia elle-même !

— Est-ce vous, Antonia? s'écria-t-il enfin. Est-ce bien vous qui m'êtes rendue? Mes yeux ne m'abusent-ils pas? La foudre ou la tempête vous a-t-elle délivré de votre mari? Êtes-vous libre enfin? Êtes-vous à moi tout entière?

— Je suis libre, Valentin, et c'est à moi seule que je dois ma liberté. Le comte de Pietranera m'a ramenée en France. Après la scène terrible qui s'est passée entre nous, la vie commune était devenue impossible. J'ai brisé ma chaîne, je me suis enfuie. Dieu qui a vu mes tortures, Dieu me pardonnera. Je viens à vous, mon ami;

je viens à vous, calme et confiante. Je compte sur votre amour, sur votre dévoûment. Vous me protégerez, vous me défendrez : me suis-je trompée ?

— Vous êtes ici chez vous. Mon oncle est bon, il m'aime. Je lui dirai tout. Vous vivrez ici à l'abri de tout danger. Piglia-Spada n'est pas éternel. Dieu aura pitié de nous et nous délivrera de ce monstre. Un jour, bientôt, vous serez ma femme; ma femme, Antonia, ma femme bien-aimée ! Nous vivrons heureux et tranquilles ; vous achèverez près de moi, dans la paix et la sérénité, une vie commencée sous des auspices si orageux. Oh ! combien je vous aimerai !

Tout à coup Antonia poussa un cri d'effroi, et demeura immobile, comme si elle eût été fascinée par la tête de Méduse.

— Là, là, ne le voyez-vous pas? dit-elle à Valentin d'une voix tremblante, en lui montrant de la main le comte de Pietranera, accoudé sur le bord de la fenêtre, et qui plongeait dans le salon un regard menaçant.

Valentin bondit de colère, et saisissant dans un coin du salon un fusil de chasse :

— C'est toi, s'écria-t-il, affreux Piglia-Spada ! Cette fois, monstre altéré de sang, tu n'échapperas pas à mes coups.

Et il allait coucher en joue le comte de Pietranera, lorsqu'Antonia arrêta son bras.

— Malheureux ! qu'allez-vous faire ?

— Je vais vous venger, répliqua Valentin.

Le comte de Pietranera avait escaladé la fenêtre, et se jetant au devant de lui :

— Tout beau, mon gendre ! s'écria-t-il ; voulez-vous donc tuer votre beau-père ?

En ce moment, M. Fléchambault parut sur le seuil de la porte et s'arrêta en souriant.

Pâle, tremblant, Valentin promenait autour de lui un regard éperdu. Ses yeux se dessillaient : son esprit s'éclairait comme par enchantement. Un coup de vent avait balayé la nuée ; le ciel s'inondait de lumière.

— Oh! mon Dieu, dit-il enfin, que se passe-t-il donc? Ai-je rêvé le désespoir ou rêvé-je maintenant le bonheur?

Louisanne s'avança, et lui tendant la main :

—Pardonnez-moi, dit-elle. Je vous aimais sans vous connaître; j'ai compris votre mal, et j'ai voulu vous guérir. Je ne pouvais arriver à votre cœur qu'en abusant votre imagination. Vous ne vouliez pas de Louisanne, vous la dédaigniez sans l'avoir vue; Antonia s'est chargée de notre union. A-t-elle réussi? Mon ami, dites-le moi.

Valentin saisit la main de Louisanne, et la couvrant de larmes et de baisers :

— Vous pardonner? N'est-ce pas à moi plutôt d'implorer mon pardon? N'est-ce pas vous qui m'enseignez la sagesse et le bonheur?

— Ne regrettez pas, ajouta Louisanne, l'épreuve à laquelle je vous ai soumis. Je vous ai trouvé, en toute occasion, brave, généreux, chevaleresque ; je vous en aime davantage.

Valentin se jeta au cou de M. Varembon, et le contemplant avec étonnement :

— Comment, c'était vous, vous, Piglia-Spada ?

— Oui, mon gendre, moi-même ; n'ai-je pas bien joué mon rôle ?

— Eh bien ! dit M. Fléchambault en montrant Louisanne, n'avais-je pas raison ? Ses cheveux n'ont-ils pas bruni ?

— Voici Zanetta, dit Louisianne en désignant sa femme de chambre qui les regardait d'un œil curieux par la porte entr'ouverte. Elle aussi a joué son rôle et nous a secondés. C'est elle qui m'a servi de secrétaire. Pardonnez-lui de s'appeler tout simplement Jeannette.

Le vœu des deux amis était enfin comblé. Le mariage se fit aux Cormiers, et la fête dura trois jours. M. Varembon et M. Fléchambault avaient réuni les paysans des environs : les noces de Louisanne et de Valentin rappelèrent les noces de Gamache.

Six semaines après son mariage, Valentin reçut la lettre suivante :

« Je viens, mon cher ami, de couronner dignement une vie remplie jusqu'ici par de poétiques aventures. Le mariage, vous ne l'ignorez pas, a toujours été pour moi une des choses les plus triviales, les plus prosaïques de ce monde. Eh bien! par un rare privilége, j'ai trouvé moyen de donner au mariage tout l'intérêt du roman le plus passionné, du drame le plus mystérieux. Une jeune fille dont le nom ne semble même pas appartenir à la terre, dont la voix est douce comme celle d'un séraphin, s'est éprise pour moi d'une passion irrésistible.

« Elle me croit pauvre, et pourtant elle me préfère aux plus riches partis. Vainement sa famille, dont la noblesse remonte aux premières croisades, s'est opposée de toutes ses forces à notre union ; l'amour a triomphé de tous les obstacles. Elle n'a pas craint de s'exposer à la malédiction paternelle pour devenir ma femme. Prières, menaces, elle n'a voulu rien entendre. Il me reste à vous dire le nom de cet ange ; j'épouse dans huit jours mademoiselle Elodie de Longpré.

« Votre ami, RODOLPHE. »

— Grand bien lui fasse! dit Valentin en pressant Louisanne dans ses bras.

Deux années avaient passé sur leur bonheur.

Un jour, Louisanne et Valentin feuilletaient ensemble le volume dont nous avons transcrit quelques pages au milieu de ce récit.

Valentin relisait en souriant toutes les pensées qu'il avait autrefois tracées avec orgueil; il raillait sans pitié tous les rêves ambitieux, toutes les plaintes amères, qu'il n'eût pas donnés alors pour une page de Rousseau ou de Byron.

Louisanne le défendait doucement contre lui-même.

— Mon ami, lui dit-elle, ne jugeons pas trop sévèrement les folies de la jeunesse; tâchons même, en vieillissant, d'en garder quelque chose.

Valentin écrivit sur la dernière page :

« L'amour est la grande aventure de la vie. Une affection sincère est pour le cœur une source d'émotions plus vives, plus variées que tous les rêves de l'imagination la plus féconde, un monde mystérieux, infini, qui sollicite sans cesse notre curiosité, dont l'attrait se renouvelle chaque jour et que personne ne connaît jamais tout entier. »

FIN DE LA CHASSE AU ROMAN.

LA DERNIÈRE FÉE.

CHAPITRE PREMIER.

1

J'avais seize ans passés quand elle m'apparut pour la première fois. Ce fut, je m'en souviens, par un beau soir de mai. J'étais sorti seul de la ville; j'allais sans but à travers champs, rêveur, inquiet sans savoir pourquoi. J'étais ainsi depuis quelque temps et j'avais goût à la solitude.

Je vis le soleil s'abîmer dans une mer de pourpre et d'or, les ombres descendre des côteaux dans la plaine, les étoiles s'allumer une à une dans le bleu du ciel. Les rainettes chantaient sur le bord des étangs ; les trilles du rossignol éclataient à longs intervalles. J'entendais aussi le feuillage ému frissonner et les grandes herbes se courber sous la brise avec un murmure triste et doux. La lune, qui s'était levée toute rouge à l'horizon, dormait, blanche et radieuse, sur la nacre d'un banc de nuages d'où ses rayons tombaient à flots d'argent sur les épaules de la nuit. L'air tiède était chargé de senteurs enivrantes, j'écoutais, le long des haies en fleur, de petits cris d'oiseaux qui se caressaient dans leurs nids.

J'allais, ouvrant mon âme à toutes ces rumeurs et à tous ces parfums, lorsque j'aperçus une troupe de jeunes filles qui se tenaient par la main et retournaient à la ville en chantant. Elles chantaient en chœur le printemps et l'amour; leurs voix fraîches vibraient dans le silence des champs endormis comme un bruit lointain de cascade. Je me cachai derrière un buisson d'aubépine, et je les vis passer, pareilles à un essaim de ces blanches ombres qui s'assemblent, la nuit, autour des lacs, pour former des danses légères, et s'évanouissent aux premières clartés de l'aube. Je distinguais, à la lueur des étoiles, leurs brunes et blondes têtes : j'entendais le frôlement de leurs robes; j'aspirais à longs traits les émanations mystérieuses qu'elles laissaient sur leur passage, et qui m'arrivaient plus enivrantes que les senteurs embaumées du soir.

Lorsqu'elles eurent disparu, je me sentis pris d'un trouble inconnu, et, m'étant assis sur un tertre, au bord des prairies qui s'étendaient à mes pieds comme un océan de verdure, je cachai mon front entre mes mains et restai plongé dans une rêverie profonde, écoutant, cherchant à comprendre les bruits confus et les tressaillements qui se faisaient en moi.

Ce que j'éprouvais, je ne saurais le dire. Je sentais mon cœur oppressé et près d'éclater. Il y avait en lui comme une source cachée qui voulait une issue, comme un flot captif qui cherchait à s'épandre. Je criais, je pleurais ; je trouvais à mes pleurs je ne sais quelle volupté.

Combien de temps restai-je ainsi? Quand je me levai, je vis, à quelques pas, devant moi, une céleste créature qui me regardait en souriant. Une tunique plus blanche que les lys tombait à plis gracieux le long de son corps, et laissait voir sur le gazon, qu'ils effleuraient à peine, deux pieds nus et blancs comme le marbre de Paros. Ses cheveux blonds flottaient en liberté autour de son cou ; ses joues avaient la fraîcheur et l'éclat des fleurs qui couronnaient sa tête ; sur l'albâtre rosé de son visage, ses yeux brillaient comme deux pervenches écloses sur la neige aux premiers baisers d'avril. Ses bras étaient nus; une de ses mains reposait sur sa poitrine, tandis que l'autre paraissait m'inviter d'un geste bienveillant.

Je demeurai quelques instants muet, immobile, à la contempler. Sans doute elle venait du ciel, car sa beauté n'avait rien des filles de la terre, et je voyais rayonner autour d'elle une atmosphère qui l'enveloppait comme un vêtement lumineux.

— Qui donc es-tu? m'écriai-je enfin en tendant vers elle mes bras éperdus.

—Ami, répondit-elle d'une voix plus douce que le vent de la nuit, je suis la fée que le roi des Génies endormit dans ton sein à l'heure de ta naissance ; ce matin j'y dormais encore ; je viens de m'éveiller au premier trouble de ton cœur. Ma vie est faite de ta vie : je suis ta sœur et serai ta compagne jusqu'au jour où, détachée de toi, comme une fleur fanée de sa tige, je t'abandonnerai au milieu de la route dont nous aurons fait ensemble la première moitié. Ce jour n'est pas loin, jeune ami. La rose qui ne vit qu'un matin est l'image de ma destinée. Pour m'aimer, n'attends pas que tu m'aies perdue, car ni tes pleurs ni tes regrets ne me ranimeront quand je ne serai plus. Hâte-toi ! Ma main n'est armée ni du rameau magique

ni de la baguette enchantée, et je n'ai
d'autre parure que les fleurs mêlées à mes
cheveux; mais je te comblerai de plus de
trésors que jamais fée bienfaisante et prodigue n'en répandit sur un royal berceau.
Je te mettrai au front une couronne que
bien des rois s'estimeraient heureux d'acheter au prix de la leur; je te composerai
un cortége tel qu'en voient rarement les
palais et les cours. Invisible et présente,
je te suivrai partout; partout tu sentiras
mon influence féconde; j'embellirai les
lieux où tu devras passer; la nuit, j'embaumerai ta couche; je donnerai mon âme
à toute la nature pour sourire chaque
matin à ton réveil. Ah! nous aurons de
belles fêtes! Seulement, ces biens que je
t'apporte, enfant, apprends à les connaî-

tre : saisis-les avant qu'ils t'échappent ; sache y toucher sans les flétrir, en jouir sans les épuiser ; fais-en provision pour cette autre moitié du chemin que tu dois achever sans moi. Ami, je te l'ai dit, j'ai peu de temps à vivre, mais il dépend de toi de prolonger ma frêle et précieuse existence. Je suis comme ces plantes rares auxquelles il faut ménager le soleil et la pluie. Mes pieds sont délicats, ne les fatigue pas à te suivre. L'éclat de mes joues est plus tendre que la fraîcheur du liseron des haies ; si tu ne veux le voir se ternir en un jour, ne m'expose pas aux trop vives ardeurs, ne m'entraîne que sous d'épais ombrages. Veille enfin à ce qu'aucun remords n'empoisonne les regrets, déjà trop amers, que ma perte te laissera : que mon souvenir te soit bon, que j'égaie encore ton cœur d'un doux reflet longtemps après que j'aurai cessé d'éclairer et d'échauffer ta vie !

A ces mots, comme un ange gardien qui s'incline sur un berceau, elle pencha vers moi sa blonde tête, et je sentis ses lèvres se poser sur mon front, plus fraîches, plus parfumées que la menthe qui croît sur le bord des fontaines. J'ouvris les bras pour la saisir, mais la blanche apparition s'était déjà évanouie comme un rêve.

N'était-ce pas un rêve, en effet? Je continuai d'aller à travers les campagnes, tantôt courant comme un insensé, tantôt me jetant sur le gazon que je mouillais de larmes brûlantes ; parfois je pressais contre mon sein la tige élancée des bouleaux que je croyais sentir frémir et palpiter sous mes folles étreintes ; parfois, je tendais mes bras vers les étoiles et leur parlais avec amour. Je parlais aux fleurs, aux arbres, aux buissons ; je sentais en moi un torrent de sève qui débordait de toutes parts et se répandait sur la nature entière. La digue était rompue ; la source avait percé le roc. Je riais, je pleurais ; je nageais dans une mer sans bornes de joies inénarrables et de félicités sans nom.

Quand l'orient se prit à blanchir, il me sembla que j'assistais pour la première fois au réveil de la création. Mon cœur se gonfla, j'aspirai l'air avec orgueil, je crus un instant que mon âme allait se dégager de mon corps pour s'envoler, libre et légère, à travers l'espace, mêlée aux molles vapeurs que le soleil levant détachait des coteaux. Du haut de la montagne où j'étais parvenu, je mesurai l'horizon d'un regard vainqueur : la terre venait d'être créée pour moi et j'étais le maître du monde.

CHAPITRE II.

II

Je n'avais pas trente ans, quand elle m'apparut pour la seconde fois. Ce fut, je m'en souviens, par une soirée d'octobre. J'étais sorti seul de la ville; j'allais sans but à travers champs, sombre, affaissé sans savoir pourquoi. J'étais ainsi depuis long-temps, et, sans y avoir goût, je recherchais la solitude.

Le ciel était bas et voilé ; une bise glacée abattait avec un bruit sinistre les dernières feuilles des arbres. Les haies n'avaient que leurs baies pour parure. Des aboiements lugubres qui partaient d'une ferme éloignée, un filet de fumée bleuâtre qui s'élevait à travers les rameaux, révélaient seuls la vie dans ces campagnes désolées. Cependant quelques oiseaux effarés volaient çà et là de branche en branche ; de noirs corbeaux tachaient la plaine, des bataillons de grues filaient lentement dans l'air gris du soir.

J'allais, mêlant mon âme au deuil de la nature. Depuis longtemps j'étais pris comme elle de cette froide mélancolie qui accompagne la fin des beaux jours. M'étant assis au pied d'un buisson dépouillé, je vis passer auprès de moi deux vieilles femmes qui marchaient à pas lents, courbées chacune sous un fagot d'épines, provisions d'hiver qu'elles rapportaient sous le chaume.

Souvenir étrange! rapprochement bizarre! De cette même place où j'étais à cette heure, j'avais vu passer, bien autrefois, par un soir de mai, une troupe de jeunes filles qui se tenaient par la main et s'en revenaient chantant. J'avais seize ans alors et le buisson était en fleurs.

Je cachai ma tête entre mes mains, et, repassant dans mon esprit les jours qui s'étaient écoulés entre ce soir de mai et cette soirée d'octobre, je m'abîmai bientôt dans un morne et profond ennui.

Quand je me levai, je vis, à quelques pas, devant moi, une pâle figure qui me regardait tristement. Elle était si changée que j'hésitai à la reconnaître. Il n'y avait plus autour d'elle cette atmosphère lumineuse qui l'enveloppait à sa première apparition. Une tunique en lambeaux découvrait son beau sein meurtri. Ses pieds étaient en sang ; ses bras tombaient sans vie le long de ses flancs amaigris. L'azur de ses yeux s'était marbré de noir, les pleurs avaient creusé leurs sillons sur ses joues livides. L'infortunée se soutenait à peine, et, comme un lys flétri sur sa tige brisée, semblait s'incliner vers la terre.

— Que me veux-tu? lui demandai-je.

— Ami, l'heure est venue où nous devons nous séparer : avant de te quitter pour jamais, j'ai voulu te dire l'éternel adieu, murmura-t-elle d'une voix plaintive, plus triste que le vent d'hiver.

— Va-t-en! ah! va-t-en! m'écriai-je; fée menteuse, qu'as-tu fait pour moi? Où sont-ils, ces biens que tu m'avais annoncés? Je les ai vainement cherchés sur ma route. Où sont ces trésors que tu devais répandre sur mes pas? Je n'ai trouvé que la pauvreté. Qu'est devenu ce diadème que tu devais me mettre au front? Ma tête n'a porté que la couronne d'épines. Où est allé ce brillant cortége que tu promettais de me composer? Je n'ai eu pour escorte que le désespoir ou la solitude. Tu parles de nous séparer; mais à moins que tu ne sois le Génie de la douleur, qu'y eut-il jamais de commun entre nous? Ah! s'il est vrai que tu m'aies suivi partout et que partout j'aie subi ton influence, va-t-en et sois maudite, car tu dois être l'Esprit du mal.

— Je ne suis ni l'Esprit du mal ni le Génie de la douleur, répondit-elle avec mélancolie; mais c'est la destinée des hommes de ne me connaître qu'après m'avoir perdue, de ne savoir le prix de mes bienfaits que lorsqu'il n'est plus temps d'en jouir. Ami, tu fus ingrat comme le reste de tes frères. Tu m'accuses, et je te plains. Dans un instant tu me connaîtras, et tu voudras alors, au prix des ans que Dieu te garde encore, me revoir seulement un jour telle que tu me vis pour la première fois. Tu demandes avec amertume où sont les biens que je t'avais promis? J'ai tenu toutes mes promesses; mais toi, tu les a dédaignés, ces trésors que je te prodiguais, sans me lasser, d'une main toujours pleine. Pour diadême, je t'ai mis au front la fraîcheur, l'éclat et la sérénité d'un matin de printemps. Pour cortége, je t'ai donné l'amour et la foi, l'espérance et l'illusion. Ta pauvreté, je l'ai faite si riante et si belle, que bien des puissants et des riches auraient voulu échanger contre elle leurs palais et leur opulence. Ta solitude, je l'ai peuplée de rêves enchantés. Ton désespoir, je te l'ai fait aimer et j'ai su t'enivrer de tes larmes ; à ce point que ton plus grand malheur sera désormais de ne plus pouvoir en répandre. Quand tu marchais, j'éveillais autour de toi la sympathie et la bienveillance ; tu ne rencontrais que des regards amis et des mains fraternelles ; le ciel te souriait, la terre elle-même fleurissait sous tes pas. A ton tour, réponds, qu'as-tu fait des dons de ma munificence ? qu'as-tu gardé de mes largesses ? que te reste-t-il de tant de félicités que j'avais semées le long de ton sentier ? Si tu n'as su rien conserver, est-ce à moi que tu dois t'en prendre ? Si tu n'as su jouir de rien, est-ce moi qu'il faut accuser ?

A ces mots, une lueur tardive illumina

mon être. Je sentis un voile qui tombait de mes yeux et restai frappé d'épouvante en voyant clair dans mon propre cœur.

—Reste, ah! reste, ne t'en va pas! m'écriai-je d'une voix suppliante. Rends-moi ces biens que j'ai méconnus; mes yeux s'ouvrent à la vraie lumière. Rends-moi l'amour et l'illusion; rends-moi la foi et l'espérance. Fais que j'aime seulement un jour, fais que je croie seulement une heure, et, qui que tu sois, je te bénirai en mourant.

—Hélas! dit-elle, c'est moi qui vais mourir. Et ne le vois-tu pas? Regarde-moi : j'ai bien souffert; je ne suis plus que l'ombre de moi-même. Voilà longtemps qu'un mal inconnu me consume : un souffle dévorant a desséché mes os et tari dans mon sein les sources de la vie. Le sang n'arrive plus à mon cœur; touche mes mains, tu sentiras l'humidité glacée de la mort. Pourtant, si tu l'avais voulu, j'aurais encore devant moi de longs jours. C'est toi, cruel, qui me tues avant l'âge! J'ai usé mes forces et meurtri mes pieds à te suivre. Vainement je demandais grâce : tu me criais, marche! et j'allais. J'allais, épuisée, haletante, déchirant ma robe aux ronces du chemin, brûlant mon front aux ardeurs du midi. Tu ne me laissais pas le temps de renouer ma ceinture et de relever les fleurs détachées de ma couronne déjà pâlissante. Vainement, si nous rencontrions quelque asile embaumé, quelque mystérieuse oasis, je te disais : c'est là qu'est le bonheur ! ami, c'est là qu'il nous faut dresser notre tente ! — Tu continuais ta course acharnée et m'entraînais sans pitié à travers les sables arides. Est-il un outrage que tu m'aies épargné ? un orage dont tu aies préservé ma tête ? Que de fois je me suis assise, lasse, découragée, décidée à t'abandonner ! Mais, ingrat, je t'aimais, et lorsque étonné de ne plus me sentir près de toi, tu te retournais pour m'appeler du geste ou de la voix, je me levais et volais sur tes traces. Aujourd'hui, c'en est fait ; ami, je n'en puis plus ! Mon sang s'arrête, mon regard se trouble, mes jambes se dérobent sous moi. Ouvre les bras, presse-moi sur ton sein ; c'est dans ton cœur que j'ai reçu la vie, c'est sur ton cœur que j'ai voulu mourir.

—Tu ne mourras pas! m'écriai-je en ouvrant mes bras pour la recevoir; mais, créature étrange, parle, qui donc es-tu?

— Je ne suis plus, dit-elle, et je fus ta jeunesse.

A ces mots, je voulus la saisir, mais elle avait déjà disparu, et je n'aperçus à sa place que quelques fleurs flétries, tombées de ses cheveux; je les relevai toutes et n'en trouvai pas une qui eût gardé quelque parfum.

FIN.

Impr. de E. Dépée, à Sceaux.

En vente chez les mêmes éditeurs.

BIBLIOTHÈQUE LITTÉRAIRE

Format in-18 anglais à 2 francs le volume.

LAMARTINE.

TROIS MOIS AU POUVOIR..	1 vol.

ALEXANDRE DUMAS.

LE COMTE DE MONTE-CRISTO..................................	6
LE CAPITAINE PAUL...	1
LE CHEVALIER D'HARMENTAL.................................	2
LES TROIS MOUSQUETAIRES...................................	2
VINGT ANS APRÈS, suite des Trois Mousquetaires............	3
LA REINE MARGOT..	2
LA DAME DE MONSOREAU......................................	3
JACQUES ORTIS..	1
QUINZE JOURS AU SINAÏ.....................................	1
LE CHEVALIER DE MAISON-ROUGE.............................	1
GEORGES..	1
FERNANDE...	1
PAULINE ET PASCAL BRUNO...................................	1
SOUVENIRS D'ANTONY..	1
SYLVANDIRE...	1
LE MAÎTRE D'ARMES...	1
UNE FILLE DU RÉGENT.......................................	1
LA GUERRE DES FEMMES......................................	2
ISABEL DE BAVIÈRE...	2
AMAURY...	1
SOUVENIRS DRAMATIQUES (*sous presse*).....................	1
CÉCILE............(»)...................................	1
ASCANIO...........(»)...................................	2

LOUIS REYBAUD.

JÉRÔME PATUROT à la recherche de la meilleure des Républiques.

L. VITET.

LES ÉTATS D'ORLÉANS, scènes historiques...................	1

PAUL FÉVAL.

LE FILS DU DIABLE...	4
LES MYSTÈRES DE LONDRES...................................	3
LES AMOURS DE PARIS (*sous presse*).......................	2

MICHEL MASSON.

LES CONTES DE L'ATELIER...................................	2

ALBERT AUBERT.

LES ILLUSIONS DE JEUNESSE DU CÉLÈBRE M. BOUDIN.............	1

Imprimerie Dondey-Dupré, rue Saint-Louis, 46, au Marais

www.ingramcontent.com/pod-product-compliance
Lightning Source LLC
Chambersburg PA
CBHW071514160426
43196CB00010B/1514